우리는 자살을 모른다

우리는 자살을 모른다

문학으로 읽는 죽음을 선택하는 마음

ⓒ 임민경 2020

초판 1쇄   2020년 3월 9일
초판 4쇄   2021년 1월 20일

지은이   임민경

출판책임	박성규	펴낸이	이정원
편집주간	선우미정	펴낸곳	도서출판 들녘
편집진행	이수연	등록일자	1987년 12월 12일
디자인진행	김정호	등록번호	10-156
편집	이동하·김혜민	주소	경기도 파주시 회동길 198
디자인	한채린	전화	031-955-7374 (대표)
마케팅	전병우		031-955-7381 (편집)
경영지원	김은주·장경선	팩스	031-955-7393
제작관리	구법모	이메일	dulnyouk@dulnyouk.co.kr
물류관리	엄철용	홈페이지	www.dulnyouk.co.kr

ISBN   979-11-5925-509-0 (03180)   CIP   2020007032

이 도서의 국립중앙도서관 출판예정도서목록(CIP)은 서지정보유통지원시스템
홈페이지(http://seoji.nl.go.kr)와 국가자료공동목록시스템(http://www.nl.go.kr/kolisnet)에서
이용하실 수 있습니다.

우리는 자살을 모른다

임민경 지음

차 례

2장. 자살에 이르게 하는 마음의 질병들

들어가는 글

원고를 마무리하던 시기에, 천희란 작가의 『자동 피아노』를 읽게 되었습니다. 『자동 피아노』는 화자의 목소리가 끊임없이 분열하면서, 스스로를 계속 관찰할 수밖에 없는 사람의 괴로운 자기 불신과 죽음에 대한 욕구를 그리는 소설인데요. 소설은 장 아메리*의 『자유죽음*Freitod*』 중 한 대목을 인용하며 시작됩니다. "나는 지금 증언을 하고 있는 것이지 설득하려는 게 아니다." 그리고 『자동 피아노』를 모두 읽은 뒤에야, 원고를 쓰는 내내 이상스러울 정도로 계속 장 아메리라는 이름이 머릿속에 맴돌았던 이유를 깨달았습니다. 글을 쓰면서 저는 문학으로, 혹은 삶 그 자체로 자살에 대해

---

* 오스트리아 출신의 유대인 작가로, 제2차 세계 대전 당시 겪었던 고문과 강제 수용소에서 겪은 외상적 경험을 작품의 주된 주제로 삼았습니다. 본명은 한스 마이어이지만, 후일 독일어 및 독일 문화와의 결별을 상징적으로 보여주기 위해 프랑스식 이름으로 개명하였습니다. 대표 저서로는 『죄와 속죄의 저편』『늙어감에 대하여』『자유죽음』이 있으며, 1978년 자살로 사망했습니다.

증언하고 있는 사람들의 목소리를 심리학이라는 이름으로 축소하고 있는 것은 아닌지 불안해하고 있었던 겁니다.

아메리는 자살을 자유죽음이라고 다시 이름 붙이면서, 자살을 과학적으로 연구하는 학문인 자살학suicidology에 대해 이렇게 말했습니다. "(자살학은) 첼란과 손디*를 두고는 아마도 우울증이 그 원인이었다고 하리라. '자살학'의 진단은 틀림이 없다. 다만, 자살을 이미 감행했거나, 염두에 두고 있는 사람들에게 그런 말은 공허할 뿐이다." 자살학을 만든 주요 인물들이 임상심리학자였다는 것을 생각하면, 아메리의 말은 심리학자들을 향한 쓰디쓴 비판처럼 들리기도 합니다. 아마 그의 눈에는, 문학 작품을 심리학이라는 렌즈를 통해 읽어보겠다는 시도 역시 공허한 것으로 비칠 수 있을 것 같습니다.

그런데, 비록 아메리가 자살을 연구하는 과학에 그다지 호의적이지 않기는 했어도 그의 책을 읽다 보면 깨닫게 되는 것이 하나 있습니다. 심리학과 문학은 서로 다른 방법

---

* 독일의 시인 파울 첼란과 독일에서 활약한 문학 평론가 페터 손디를 말합니다. 이들은 모두 자살로 사망했습니다.

을 취해왔을 뿐, 스스로 목숨을 끊는 이 기이한 현상을 이해하거나, 받아들이고자 나름의 방식으로 노력해왔다는 것을요. 아메리가 말한 것처럼 '자살학'이 그저 공허한 울림으로밖에 느껴지지 않는 순간도 분명 있겠습니다만, 그러한 순간에도 자살학과 아메리는 같은 목표를 공유하고 있습니다. 자살이라는 모순투성이의 현상을 어떻게든 글 안으로 끌어들이는 것.

심리학은 자살자의 마음에서 어떤 일이 일어나는지 현상학적으로 기술하는 것보다는(많은 경우 그것은 심리학이 우선순위로 추구하는 바가 아닙니다), 양적인 측면에서 객관적인 위험 요인과 보호 요인을 찾고, 사람들을 최대한 자살로부터 떼어놓기 위한 노력을 더 많이 기울이는 학문입니다. 저로서는 그것을 심리학의 한계라 부르기보다는 심리학이 자신의 영역을 잘 지키고 있다고 말하고 싶습니다만, 그래도 자살이라는 현상을 모두 이해하고 싶은 사람이 보기에는 미진한 부분이 있을 것이고, 더 직접적인 목소리를 들어보고 싶은 순간도 있을 겁니다.

이럴 때 저는 문학에 기대게 되는데, 문학은 그저 어떤 현상을 보여줄 뿐 그것의 원인과 원리를 사람들에게 구구절절 설명하려 하지 않으며, 때로는 증언하되, 가끔은 증언조차 거부합니다. 그렇기 때문에 문학은 종종 심리학을 앞질러 가기도 하고, 심리학이 미처 다가가지 못했던 영역에 먼저 불을 밝히기도 합니다. 하지만 이런 방식의 이해에 너무 몰두하다 보면, 소수의 사례에만 몰두하게 되어 전반적인 흐름을 놓치게 될 때가 많습니다. 그러니 자살이라는 영역을 탐구함에 있어서는 심리학이든 문학이든, 또 다른 어떤 학문이든 간에 어떤 도구가 다른 것보다 우월하다고 말할 수 없으며, 죽음을 탐구하는 여러 가지 방법들은 서로 경쟁자이기보다는 협력자라고 보아야 할 것입니다.

이 책에서 인용한 소설들에 등장하는 많은 인물들은 자살하거나, 시도하거나, 자살에 대해 끊임없이 생각하거나, 자신의 몸에 상처를 입힙니다. 또 우울해하거나, 환청을 듣거나, 물질에 중독되면서 끊임없이 자살에 가까이 다가가지요. 작가들이 의도했든 의도하지 않았든, 그 인물들은 자살이라는 현상을 나름의 방식으로 보여주고 있는 사람들이며, 저는 문학이라는 포괄적 '경험'을 심리학이라는 도구를 통해 이해해보고자 자살에 대한 심리 이론들과 약간의 정신병리학적 지식, 치유와 관련된 이론들을 가지고 왔습니다. 심리학을 업으로 삼는 사람이기에 부득이 심리학 이론으로 문학 작품이나 작가의 삶을 해석한다는 다소 무리한 시도를 했습니다만, 이것은 문학 독서 경험을 축소하기 위함이 아니며, 오히려 '내가 가지고 있는 도구로 자살을 힘껏 이해해보려는' 시도에 가깝다는 것을 알아주셨으면 합니다. 부디 이 노력이 이 책을 읽는 여러분이 자살을 이해하는 데에도 어떤 방식으로든 도움이 되었으면, 하고 바라봅니다.

1장 ————————

죽음을 선택하는 마음들

심리통, 그 견딜 수 없는 마음의 고통에 대하여
_『안나 카레니나』

안나, 카레니나이고 싶지 않았던 여자[*]

살다 보면 누구나 한 번쯤은 우리 집이 다른 집보다 불행한 것 같다고 생각하기 마련입니다. "다른 집은 안 그런데 우리 집은 왜 이럴까?"와 같은 생각들이요(물론 여기서 '이렇다'는 게 어떤 것인지는 사람마다 다를 수 있겠습니다). 그러다 어느 날 문득 우연히 다른 집 역시 여러 가지 가벼운 골칫거리와 한두 개 정도의 큰 문제들을 이고 지고 살아가고 있다는 것을 발견하게 되는데, 그럴 때면 어떤 식으로든 우리 집만 문제 있는 가정은 아니라는 것을 새삼 깨닫게 되지요. 그러면서 한편으로는 세상에 그처럼 다채로운 형태의 불행이

---

[*] 안나는 결혼 뒤 남편의 이름인 카레닌을 성으로 받아 카레니나가 되었습니다.

존재할 수 있다는 것에 놀라게 되는데요. "행복한 가정은 서로 닮았지만 불행한 가정은 저마다의 이유로 불행하다"는 소설 『안나 카레니나*Anna Karenina*』의 첫 문장은, 그런 이유에서 많은 사람들이 공감하는 문장이 되었습니다.

천 페이지 분량을 훌쩍 넘는 이 소설은, 저마다 불행하거나 행복한 여러 가정에 대한 이야기입니다. 그중에서도 주인공인 안나 카레니나의 이야기를 요약해보자면 이렇습니다. 러시아 귀족 출신 여성인 안나는 젊은 나이에 자신보다 스무 살 연상에 관료적이고 무뚝뚝한 성격을 지닌 카레닌과 결혼하여 나름대로 '몸에 밴 아늑한 생활'을 누리며 살고 있었습니다. 그러던 어느 날 안나는 브론스키라는 청년과 사랑에 빠지게 되는데, 열정적이고 활달한 그는 여러모로 남편인 카레닌과 정 반대되는 성향을 가진 사람이었지요. 카레닌은 친구가 별로 없고, 일종의 의무감에 시집을 읽기는 했지만 예술에 흥미는 없는 관료인 반면, 브론스키는 사교계 없이는 못 사는 외향적인 사람인 데다 취미로 그림을 즐기는 군인이었습니다.

안나는 그전까지는 그럭저럭 남편을 좋아했지만, 브론스키와 그야말로 '운명적인' 사랑에 빠지면서부터는 점차 남편에게 혐오감을 느끼게 되고, 비밀리에 브론스키와의 관계를 이어가며 기만적인 결혼 생활을 유지합니다. 그러다 어떤 사건을 계기로 연인이 있음을 남편에게 다소 충동적으로 고백하게 되는데, 이후 그녀는 본격적으로 몰락의 길을 걷게 됩니다.

이 대목에 이르면, 저처럼 당시 러시아 상황에 대해 잘 모르는 21세기의 독자로서는 혼외정사가 인생 전체를 몰락시킬 정도로 큰일인가, 조용히 이혼하고 브론스키와 재혼하면 되지 않나, 라는 의문을 품게 될 것 같습니다. 특히 안나의 남편인 카레닌이 변호사를 찾아가 이혼 상담을 하는 장면까지 보고 난 다음이라면요.

하지만 당시 러시아 사회가 이혼을 법적으로 허용하기는 했으나 사실상 금기시하는 분위기였다는 사실을 알면 그녀가 처했던 상황을 보다 이해하기 쉬워집니다. 또 카레닌과 이혼하게 될 경우, 안나는 자신이 그토록 애지중지하던 아들의 양육권을 잃게 되는 상황이었습니다. 그럼에도 불구하고 어찌 저찌 이혼한다고 해도, 당대 사회에서 이혼한 여성이 재혼한다는 것은 거의 불가능한 일이었으며, 특히 이혼의 사유가 불륜이라는 사실이 알려지면 귀족 사회에서 쫓겨나게 될 것이 불 보듯 뻔한 상황이었습니다. 그러니 안나가 브론스키와의 외도로 모든 것을 잃었다고 표현하는 것도 과언은 아니겠지요.

하지만 브론스키와의 생활이 불행하기만 했던 것은 아닙니다. 이혼 후 안나는 그와 해외여행을 떠나 이리저리 돌아다니며 한동안 자유와 행복감을 누리기도 하지요. 그러나 여행을 마치고 돌아온 뒤, 그녀는 확연히 달라진 자신의 처지를 확인하게 되고, 매우 큰 충격을 받습니다. 본래 그녀는 가장 명망 있는 사교계 인사 중 한 명이었는데, 브론스키와의 관계가 사교계에 알려진 이후로는 누구도 그녀와 어울리려 하지 않았습니다. 공연을 보러 극장에 갔다가 귀부인에게 욕을 먹고 돌아오는 일도 있었지요. 뿐만 아니라 전 남편 카레닌과 그 주변 사람들은 안나가 아들 세료자를 만나지 못하게 막기까지 합니다.

모든 사회적 관계를 잃어버린 안나는 이후 유일하게 남은 브론스키와의 관계에 매달리게 되는데, 절박한 사람이 흔히 그렇듯 상대의 일거수일투족에 온 신경을 곤두세우면서 혹시 그가 외도하지는 않는지 의심하고 불안해합니다. 그러나 의심으로 가득 찬 사람에게 의심하는 일이 일어나지 않았음을 증명하기는 죽기보다 어려운 일. 결국 브론스키가 외도를 하고 있다고 확신하게 된 안나는 달리는 기차에 뛰어들어 자살합니다. 소설의 또 다른 한 축으로서 행복한 가정의 전형을 보여주는 레빈과 키티의 이야기를 제외하면, 여기까지가 『안나 카레니나』의 줄거리라고 할 수 있겠습니다.

길게 설명했지만 결국, 불륜 때문에 사회적으로 지탄받던 여성이 자살하게 된다는 내용입니다. 줄거리만으로 보자면 이 소설은 통속적이기 이를 데 없고, 집필 시점이 1870년대라는 것을 고려해도 내용상 그다지 새로울 것이 없습니다. 불륜 때문에 사람 죽는 이야기야 톨스토이 이전 세대 프랑스에서부터 유행하여 이미 계보가 있었을 정도니까요(대표적인 작품으로 『보바리 부인』 『적과 흑』 등이 있습니다). 그러나 『안나 카레니나』의 가치가 단순히 줄거리에만 있는 것이었다면, 이 소설이 상중하 세 권에 달하는 엄청난 분량이었을 리 없을 것이고, 가장 위대한 소설 중 하나로 손꼽히지도 않았을 것입니다. 또한 '자살학의 아버지'라 불리는 에드윈 슈나이드먼(Edwin S. Shneidman, 1918~2009)이 자신의 이론을 깊게 이해하고 싶다면 읽어봐야 할 책 중 한 권으로 권하지도 않았을 겁니다.*

그렇다면, 소설 『안나 카레니나』는 도대체 자살이라는

---

* 에드윈 슈나이드먼은 총 네 권의 문학 작품을 추천했는데, 케이트 쇼팽의 『각성』, 플로베르의 『보바리 부인』, 괴테의 『젊은 베르테르의 슬픔』, 톨스토이의 『안나 카레니나』입니다.

현상에 대해서 우리에게 어떤 통찰을 주는 걸까요? 에드윈 슈나이드먼은 『안나 카레니나』에서 무엇을 읽었던 걸까요? 그의 시각으로 이 소설을 다시 읽기 위해, 우선 자살에 대한 그의 견해를 들여다보도록 합시다.

사람을 자살로 이끄는 마음의 고통

1949년, 미국 로스앤젤레스의 재향군인병원에서 일하던 한 젊은 임상심리학자가 있었습니다. 그는 어느 날 자살로 사망한 참전 군인의 가족에게 위로 편지를 써달라는 부탁을 받고 검시관의 사무실에 들렀다가, 자살로 사망한 사람의 유서가 잔뜩 들어 있는 서류철을 발견하게 됩니다. 에드윈 슈나이드먼은 자신의 커리어를 완전히 결정하게 된 이날에 대해 후일 '연구 자료를 많이 찾았다는 점에서 꿈같은 일이었고, 그 후 자살이라는 주제에 관심을 갖게 되었다'고 회고합니다.* 이후 그는 진짜 유서와 가짜 유서를 비교하는 실험을 통해 자살과 자기 파괴적인 행위들에 대하여 그만의 독특하

---

* 에드윈 슈나이드먼, 서청희·안병은 옮김, 『자살하려는 마음』, 한울, 2019.

고 독창적인 연구 세계를 열어갑니다.

자살 연구의 선구자 중 한 명인만큼 그가 고안한 연구 방법과 용어도 많습니다. 그중 그의 이론의 핵심이자 듣는 이의 마음을 끄는 것 중 하나는 '심리통psychache'이라는 개념입니다. 심리통이란, 마음이나 정신을 뜻하는 psych와 고통을 뜻하는 ache의 합성어로, 문자 그대로 더는 견딜 수 없을 만큼 심한 마음의 고통을 뜻합니다. 슈나이드먼은 친구이자 동료 심리학자였던 헨리 머레이(Henry A. Murray, 1893~1988)의 이론을 인용하면서, 자신이 추구하는 심리적인 욕구가 좌절되면 개인에게는 우울감, 불안감, 분노와 같은 부정적인 정서가 발생하는데, 만약 이러한 감정들로 인해 심한 고통을 느끼게 된다면 그것이 바로 심리통이라고 설명했습니다. 즉 슈나이드먼이 보기에, 자살은 견딜 수 없는 마음속 고통의 결과였으며, 모든 자살자들은 자신의 핵심적인 가치가 좌절됨으로 인해 심하게 고통받고 있던 사람들이었던 것입니다.

어떤 사람은 이 말을 들으면서 '그거야 당연한 소리 아닌가' 하고 생각할 수도 있겠습니다. 사실 마음의 고통으로 인해 자살하게 된다는 건 지극히 당연한 말처럼 느껴지니까요. 그러나 자살을 이렇게 설명하는 데서 오는 유익이 분명히 있습니다. 자살을 고통의 결과라고 이야기함으로써, 자살은 나약한 사람이나 하는 일이라고, 죄악이라고, 무책임한 일이라고 말하는 사람들에게 반박할 수 있게 되니까요. 슈나이드먼은 특정 종교적·정치적 입장을 대변하여 자살자를 간접적으로 비난하는 대열에 동참하지 않았으며, 지금 이 순간 고통받으면서 자살을 생각하는 자의 입장에서 자살을 정의했습니다. 자살이라는 단어를 사용하는 것조차 터부시되어 자살 연구 부서를 '돌발 사망 연구부'라고 이름 지었던 시대에, 죽은 자의 입장에서 그들의 고통에 집중한다는 것은 사회 통념에 맞서는 일이었을 것입니다.

이런 슈나이드먼이라면, 틀림없이 안나 카레니나의 자살도 변호할 수 있었을 것입니다. 작품 후반부의 안나 카레니나에게서는 분명히 심리통으로 보이는 증상들이 관찰되며, 심리통에 대한 슈나이드먼의 시각으로 보았을 때 자살을 포함하여 안나가 했던 모든 행동들은 그 고통을 멈추기 위한 일련의 시도들로 이해할 수 있기 때문입니다.

앞서 심리통에 대해 이야기하면서 심리적 욕구에 대한 머레이의 이론을 짧게 설명했는데요. 머레이가 제안한 심리적 욕구는 크게 애정·야망·정보·물질·권력·사도마조히즘·사회적 적합성·지위의 여덟 개 항목으로 나누어지며, 그 안에서 다시 세분됩니다. 안나 카레니나의 경우에는, 이 중

애정^{affection}과 관련된 욕구들이 가장 중요한 욕구였다고 할 수 있겠는데요. 여기에는 친밀욕구^{need for affiliation}와 양육의존욕구^{need for succorance}가 포함되어 있습니다. 친밀욕구는 한 친구나 무리를 고수하고 친밀해지고자 하는 욕구입니다. 즉 친구를 사귀고, 상호 호혜적인 사회관계를 유지하고자 하는 욕구이지요. 양육의존욕구는 타인에게 사랑과 돌봄을 받고, 자신의 욕구를 타인을 통해 충족하고자 하는 행동 경향을 말합니다. 머레이는 양육의존욕구가 "마음이 통하고, 신뢰할 만하고, 먹여주고, 사랑하는 지지자를 갈망함"에서 자라난다고 하였으며, 이러한 욕구에는 그런 사람을 찾지 못하는 데서 오는 무력감·무능감·허망함·버려진 듯한 느낌·비참함 등이 따르기 쉽다고 말했습니다.[*]

다시 소설로 돌아가볼까요. 『안나 카레니나』는 안나가 오빠와 올케의 관계를 회복시켜주기 위해 모스크바로 가는 장면에서 시작됩니다. 그녀는 모스크바로 가는 기차 안에서 아들을 걱정하며 눈물짓는 어머니의 모습을 보이는데, 작품 초입에서부터 타인과의 관계를 중요시하고 누군가를 적극적으로 돌보고자 하는 안나의 친밀욕구가 잘 드러나 있

---

[*] 에드윈 슈나이드먼, 앞의 책.

다 볼 수 있습니다. 이후 브론스키를 만난 안나는 그와 정열적인 사랑에 빠져드는데, 소설이 후반부에 이를수록 브론스키를 갈망하는 안나의 심정이 더욱 자주 나타나지요. 안나는 기분이 나쁘거나 슬플 때면 브론스키가 어서 와서 자신을 달래주기를 바라며, 그가 밖에서 보내는 시간을 최대한 줄이고, 자기와 함께해주기를 소망합니다. 이런 모습에서 관찰되는 것은 양육의존욕구이지요. 비록 다방면에 재능이 있는 안나가 병원을 짓거나 학교를 세우는 일 등에 특별한 관심을 드러내며 성취에 대한 욕구를 보여주기도 합니다만, 언제나 그녀가 진정 절박하게 원하고 바랐던 것 일 순위는 타인과 따뜻하고 원만한 관계를 맺는 것, 연인에게 사랑받고 관심과 애정이 넘치는 관계를 유지하는 것이었습니다.

그런 안나가 긴 여행을 마치고 페테르부르크 사교계에 돌아왔을 때 마주한 것은 냉소와 냉대뿐이었습니다. 사람들은 안나와 만나는 것을 피했고, 모임 자리에 안나가 등장하면 공공연하게 모욕을 주기도 합니다. 브론스키는 귀국한 뒤에 한 귀족 부인으로부터 "옷깃을 세운 다른 사람들은 당신들이 결혼할 때까지 찬바람을 날릴 거예요"라는 말을 듣는데, 당시 안나와 브론스키의 처지를 가장 잘 설명해주는 말이라 하겠습니다. 이처럼 한순간에 사교계에서 발붙일 곳을 잃고, 그전까지 가깝게 지내던 이들과의 관계를 잃어버리면서 친밀욕구가 좌절되자, 안나는 브론스키와의 관계를 통해 양육의존욕구를 채우는 데 더욱 집착하게 됩니다.

그러나 원하면 원할수록 브론스키는 안나의 요구가 자신의 자유를 속박한다고 여기게 되고, 두 사람 사이에는 갈등이 늘어갑니다. 브론스키와의 사랑이 식고 있다고 믿으면서 고통스러워하던 바로 그 시기, 안나는 한편으로는 "난 사랑을 원해요. 그런데 그게 없어요. 그러니 모든 게 끝이에요!"라고 호소하고, 다른 한편으로는 "그의 사랑이 식으면 어떻게 될까 하는 무시무시한 생각을 낮에는 일로, 밤에는 모르핀으로" 잠재웁니다. 즉, 브론스키와 자신의 관계가 끝났다는 느낌은 이미 안나에게 모르핀의 도움을 받아 달래야 할 정도로 큰 고통의 원천이 된 것이지요.

소설 후반부 기차역을 향해 달려가며 안나는 이렇게 생각합니다. "(이혼 동의를 받는다고 해서) 과연 브론스키와 나 사이에 어떤 새로운 감정을 기대할 수 있을까? 행복은 고사하고 그저 괴롭지만 않으면 되는데, 그런 게 가능할까? 아니, 아냐!" 그러고는 그도, 그녀 자신도 아닌 그녀를 괴롭게 하는 다른 누군가를 위협하면서 "아니, 난 네가 날 괴롭히도록 내버려두지 않겠어"라고 마음속으로 외칩니다. 이것은 마음속 괴로움, 즉 심리통에 대해 인식하며 죽음으로써 그 고통을 멈추게 하겠다는 결심입니다.

자살의 각본

관계와 돌봄에 대한 욕구가 좌절된 안나의 마음에는 고통이 싹텄습니다. 그런데 심리통을 겪고 결국 자살에 이르기까지 사람의 마음에는 어떤 작용이 일어나는 걸까요? 먼저 안나가 처음 의식적으로 명료하게 자살을 떠올리는 장면을 살펴봅시다. 이 대목에서 브론스키가 자신을 사랑하지 않는다고 확신한 안나는, 자신의 상황을 어떻게 타개하면 좋을지 열심히 고민합니다. 그리고 그녀는 오직 한 가지만이 모든 문제를 해결할 수 있으며, 그것은 바로 죽음이라는 결론을 내립니다.

해결책은 죽음 하나뿐이라니요. 선뜻 동의하기 힘든 부분입니다. 제삼자의 입장에서 봤을 때는, 분명 자살 이외의 해결책도 여러 가지 존재하고 있습니다. 안나 본인이 잠깐 언급했던 것처럼, 그녀는 브론스키와 헤어진 후 친척 아주머니에게 갈 수도 있고, 돌리에게 자신을 의탁할 수도 있으며, 브론스키와 화해할 수도 있습니다. 그런데도 그녀는 자살이 '유일한' 방법이라고 말합니다.

　자살에 대해서 이런 식으로 생각한 것이 안나 카레니나 한 사람만은 아니었던 것 같습니다. 자살자의 유서를 분석하고, 자살을 기도했던 사람 및 자살자 유족과 수많은 인터뷰를 했던 에드윈 슈나이드먼 역시, 이러한 생각을 자살하려는 사람의 특징 중 하나로 언급한 바 있으니까요. 슈나이드먼은 1993년 출간된 저서에서 '자살 각본'을 소개하였습니다. 자살을 원하는 사람들은 자살에 이르기까지 마치 어떤 각본을 따르는 것처럼 비슷한 단계를 거친다는 것입니다. 슈나이드먼의 자살 각본은 다음과 같습니다.[*]

　1. 견딜 수 없는 심리적 고통. 이 고통은 좌절된 심리적
　　 욕구와 직접적으로 연관되어 있다.
　2. 외상적 자기 경멸 및 극심한 심리적 고통을 참지 않는
　　 자기심상.
　3. 극도로 제한된 생각, 비현실적으로 좁아진 행동 범위.

---

[*]　Shneidman, E. S., *Suicide as psychache: A clinical approach to self-destructive behavior*, Jason Aronson, 1993, pp.33.

4. 고독감. 자신이 버림받았으며, 중요한 타인의 지지를 상실했다는 느낌.

5. 압도적으로 절망적인 무망감. 어떤 일을 해도 효과가 없을 것이라는 느낌.

6. 인생을 떠나거나, 버리거나, 멈추는 것이 견딜 수 없는 심리적인 고통을 멎게 하는 유일한(혹은 가능한 것 중에서 가장 나은) 방법이라는 의식적인 결정.

첫 번째 단계로 언급한 '견딜 수 없는 심리적 고통'은, 물론 앞서 언급한 심리통을 말하는 것입니다. 심리통과 두 번째 단계인 자기 비하를 거쳐 세 번째 단계에 오게 되면, 사람들은 마치 양옆에 무엇이 있는지 보지 못하고 오로지 반대편의 출구만 보며 달리게 되는 터널 속에 들어간 것처럼, 자신의 삶에 남아 있는 선택지들을 폭넓게 고려하지 못하고 오직 한두 개 정도만 인식하게 됩니다. 그다음에는 자신이 무엇을 하든 결코 상황은 나아지지 않을 것이라는 인식이 따라오고, 결국 자신이 생각하기에 남아 있는 가장 합리적인 해결책인 자살을 선택하게 되는 것이지요. 여기서 비록 왜곡된 생각이기는 하지만, 자살하고자 하는 사람의 마음속에서는 자살이 가장 '합리적인 선택'으로 여겨진다는 것이 중요합니다. 슈나이드먼이 밝힌 자살의 공통점 열 가지 중 첫 번째가 '자살의 공통되는 목적은 해결책을 찾는 것이다'인 이유도 바로 이 때문일 것입니다.

이 '자살의 각본'을 안나의 경우에 대입하여 살펴봅시다. 안나의 경우, 친밀욕구와 양육의존욕구가 모두 좌절당함으로써 심리통을 경험하게 되었지요. 이에 괴로워하던 그녀는 과거 출산으로 인해 병을 앓으며 "왜 난 죽지 않았을까"라고 되뇌던 경험을 떠올립니다. 그러자 '죽음'이라는 이미지가 의식 위로 급부상하죠. 이제 안나는 자신에게 남아 있는 다른 선택지들은 전혀 고려하지 못하게 되었으며, 자살 이외의 해결책은 무의미한 것으로 여깁니다. 기차역을 향해 달리며 안나는 생각합니다. 브론스키는 날 불행하게 하고, 나는 브론스키를 불행하게 하는 악순환이 계속되고 있다고. 모든 수를 다 써보았지만, 이 문제를 해결할 수는 없다고요.

무엇을 해도 결국 불행해질 수밖에 없다는, 절대 이 괴로움에서 벗어날 수 없다는 자살자 특유의 사고방식이 느껴지지요. 이윽고 기차역 플랫폼을 배회하던 안나는 역으로 들어오는 기차에 몸을 던집니다.

제가 불을 밝히고 기다리고 있겠습니다

지금까지 자살에 대한 에드윈 슈나이드먼의 이론을 바탕으로 안나 카레니나의 자살을 조명해보았습니다. 그런데 이렇게 자살 이론에 대해서 알고, 자살자의 마음을 낱낱이 들여다보는 것이 현대를 살아가는 우리들에게 어떤 의미가 있는 것일까요.

슈나이드먼의 마지막 저서인 『에드윈 슈나이드먼 박사의 심리부검 인터뷰』는 변호사이자 의사였던 아서가 자살한 뒤, 그의 자살 원인을 밝히기 위하여 심리부검을 실시한 기록을 담은 책입니다. 심리부검이란, 마치 망자의 사망 원인을 알기 위해 부검을 진행하듯, 자살한(혹은 자살한 것으로 추정되는) 사람의 사망 원인을 알기 위해 망자가 남긴 기록(일기, 문자, 사진, SNS 등), 주변 사람과의 인터뷰 등을 통해 사망에 영향을 끼쳤을 다양한 요인들을 살펴보는 과정입니다. 책에는 아서의 어머니가 쓴 서문이 실려 있는데요. 아들이 자살하고 몇 달 뒤, 슈나이드먼 박사를 찾아간 그녀는 슈나이드먼의 주소와 전화번호를 적은 쪽지를 받습니다. 그 쪽지의 아래쪽에는 이렇게 적혀 있었다고 합니다. "제가 불을 밝히고 기다리고 있겠습니다."

불을 밝히는 것. 아서의 어머니는 그것이 바로 슈나이드먼 박사가 한 일이라고 말했습니다. 그리고 이 말은 지금 이 순간에도 자살을 연구하고 있는 많은 이들에게 적용될 수 있을 것 같습니다. 자살이라는 거대한 현상의 숨은 그림자에 빛을 비추어서 마침내 그 실체를 밝혀내는 작업을 하고 있는 것이니까요. 그리고 그렇게 자살의 실체를 알 때, 비로소 우리는 내 주변 사람, 혹은 나 자신이 자살이라는 문제와 맞닥뜨렸을 때 무엇을 해야 할지 구체적으로 알 수 있게 됩니다. 그런 의미에서 자살의 원인을 규명하기 위한 모든 연구와 그것에 대한 이해는, 앞으로 발생할 자살을 예방하기 위한 것과 다름없다고 할 수 있겠습니다.

어느 익살꾼의 죽음

_『인간 실격』

오바 요조의 부끄러움 많은 생애

한번은 친구가 다자이 오사무의 단편집 『만년』을 읽고 블로그에 글을 남겼던 적이 있습니다. 친구는 그중 「잎」이라는 단편의 첫 부분을 인용했습니다.

죽을 작정이었다. 올해 설, 이웃에서 옷감을 한 필 얻었다. 새해 선물이었다. 천은 삼베였다. 쥐색 잔줄무늬가 들어가 있었다. 이건 여름에 입는 거로군. 여름까지 살아 있자고 마음먹었다.

친구는 이 글을 읽고는 그런 사소한 이유로도 자살이 미뤄질 수 있는지, 결국 자살하는 사람을 계속해서 살게 하는 것은 대체 무엇인지 궁금해했습니다. 그리고 그 글을 남긴 뒤 얼마 지나지 않아 친구는 자살로 세상을 떠났습니다. 당시 친구는 스물한 살이었고, 좋아하는 작가를 물으면 다자이 오사무를 이야기하곤 했습니다.

흔히 다자이 오사무의 문학을 '청춘의 문학'이라 부르지만, 모든 청춘이 다자이 오사무를 좋아하는 것은 아닙니다. 아니 어쩌면 다자이 오사무와 그의 작품에 전혀 이입할 수 없는 청춘들이 더 많을지도 모릅니다. 그럼에도 그의 작품에 굳이 '청춘'이라는 두 글자를 붙여 부르는 이유는, 그만큼 그의 작품에서 감수성 예민하고 고통에 민감한 시기에 절절하게 와닿는 어떤 정서와 생각들을 읽을 수 있기 때문일 것입니다.

이 책의 원고를 준비하던 중 마침 다자이 오사무의 작품 낭독회에 참여할 기회가 있었는데, 낭독회가 끝난 뒤 질문 시간에 "사실, 읽으면서 주인공이 정말 답답했다"고 고백한 사람이 있었습니다. 그러자 번역가 선생님께서는 "만약 책의 주인공이 잘 이해되지 않는다면, 지금 인생을 정말 잘 살고 계신 것"이라고 답하셨고, 이에 모두 함께 크게 웃을 수 있었습니다. 그만큼 다자이 오사무의 글이 고통스럽거나 혼란스러운 처지에 있는 사람의 마음에 와닿는 글이라는 뜻이 겠지요.

다자이 오사무의 작품 중에서도 백미로 손꼽히는 『인간 실격人間失格』은 그의 마지막 완결작이자 가장 유명한 작품이기도 합니다. 주인공의 이름은 오바 요조인데, 그의 삶이 다자이 오사무의 생애와 겹치는 부분이 많아, 어떤 사람들은 '『인간 실격』은 작가 자신의 체험을 거의 그대로 작품으로 승화시킨 사소설에 가깝다'고 말하기도 합니다.

『인간 실격』은 우연히 주인공 요조의 원고를 입수하게 된 삼인칭 화자가 그의 수기를 소개하는 방식의 액자식 서술로 시작됩니다. 작품의 대부분을 차지하고 있는 요조의 수기는 총 세 편인데, 그중 첫 번째 수기는 이 유명한 문장으로 시작됩니다.

부끄러움 많은 생애를 살아왔습니다.
저는 인간의 삶을 도무지 이해할 수 없습니다.

첫 문장이 단독으로 한 문단을 이루고 있으며 다음 문장은 문단을 나누어 시작되기 때문에 두 문장이 별개인 것처럼 보이고, 내용상으로도 직접적으로 연결되지는 않는 것 같습니다. 그렇지만 요조가 어떤 상황에서든 자기 자신에 대해서 생각해버리고 마는, 자의식 높기로 둘째가라면 서러울 사람이라는 점을 생각한다면 두 문장이 사실은 의미상으로 연결되어 있는 것이라고 볼 수 있습니다. 이런 특성은 요조의 성격 중 가장 두드러지는 부분이며, 그의 자살 시도와도 간접적으로 관련 있다고 볼 수 있으므로 조금 더 설명해보도록 하겠습니다.

어떠한 상황에서 다른 사람의 시선을 지나치게 많이 의식하고, 남에게 보이는 자신의 모습이 어떨지에 대해 과도하게 염려하는 것을 사람들은 흔히 '자의식 과잉'이라고 표현하지요. 심리학자들은 자의식을 크게 두 가지로 나누는데, 타인이 보는 자신의 모습과 관련된 '공적 자의식'과 자신의 내적 경험을 성찰하고 자기 자신을 점검하고자 하는 '사적 자의식'이 바로 그것입니다. 요조는 두 가지 자의식이 모두 다 높은 것으로 보입니다. 나는 누구고 무엇을 느끼며, 다른 사람들은 나를 어떻게 보는지 알고자 하는 것은 대체로 건강한 시도일 가능성이 큽니다만, 불행히도 다양한 부정정서와 연관되는 일도 드물지 않습니다. (대표적으로 자신에 대한 인식이 선행되는 수치심, 죄책감, 수줍음 등의 자의식적 부정정서들이 있습니다.)

자의식과 완전히 같은 뜻은 아니지만, 그와 관련 있는 특성으로 자기 초점적 주의self-focused attention도 있습니다. 말 그대로 주의가 자기 자신에게 집중되어 있다는 뜻입니다. 자기 초점적 주의가 두드러지는 사람은 타인과 상호작용하는 상황에서도 상호작용 그 자체에 몰입하지 못하고 그 상황에서 자신이 어떻게 보일지만 신경 쓰게 됩니다. 그러니 자연스럽게 불안을 경험할 수밖에 없지요. 게다가 사람이 소화할 수 있는 주의와 생각의 양은 한정되어 있기 때문에, 상대방이 나를 어떻게 생각할지에 대해 과도하게 생각하는 사람은 아이러니하게도 상대에게 온전히 주의를 쏟을 수 없습니다. 그러다 보면 사회적 상황에서 상대방에게 온전한 관심을 보이며 친밀한 관계를 쌓기보다는, 내가 그 사람에게 어떻게 보였는지, 그 상황에서 얼마나 잘하거나 잘못했는지만 신경쓰며, 다른 사람과 함께 있는 매 순간이 심판받는 순간인 양 살아가게 되지요. 그러니 요조의 높은 자의식과 다른 사람을 잘 이해하지 못하는 특성은 어찌 보면 동전의 양면이라 할 수 있겠으며, 부끄러움 많은 생애를 살아온 것과 인간을 이해하지 못하는 것 역시 깊은 관련이 있다 볼 수도 있을 듯합니다.

생애 초반부터 자의식적 부정정서에 시달렸던 요조는

급기야 다른 사람과 의사소통해야 하는 상황이 생길 때마다 심한 불안에 시달리게 되고, 그 상황을 모면하기 위해 일종의 퍼포먼스를 하기로 결정합니다. 즉 사람들 앞에서 일부러 실수를 하거나 엉뚱한 행동을 하며 웃음을 유발하는 '익살꾼' 노릇을 하게 된 것인데요. 일본의 문학평론가 안도 히로시는 이것을 두고 "커뮤니케이션을 꾀하기 이전에 용의주도하게 (자신을) 연출"하는 자기방어적인 행동이라고 꼬집습니다. 불안에 시달리다 못해 엉뚱한 행동을 하고 자신을 극적으로 연출해버리는 행동 양식은 특히 대인관계에서 높은 수준의 불안을 경험하는 사람들이 어떻게든 상황을 모면하기 위해 종종 선택하는 방법인데요. 여담입니다만 『위대한 개츠비』의 작가 피츠제럴드도 이런 행동 양식을 보였다고 하지요.

이처럼 타인을 극도로 두려워하여 과도하게 자신을 방어하는 요조의 행동 양상은 세 편의 수기 전반에 걸쳐 지속적으로 나타납니다. 요조는 학교에서도 장난꾸러기 익살꾼의 모습을 연기하며 자신을 위장하지요. 한 번도 애교심이나 소속감 같은 것을 느껴본 적 없으면서도요. 진정한 의미의 상호작용보다는 타인 앞에 드러나는 자신의 모습에만 골몰해 있었으니 어쩌면 당연한 일이라 하겠습니다.

그러던 어느 날 요조는 호리키라는 친구를 만나게 됩니다. 요조는 호탕하고 놀기 잘하는 한량 호리키와 함께 있으면 자신은 대화를 주도하거나 스스로 무언가 할 필요 없이 맞장구만 치면 되었기 때문에 그와의 관계에 빠져듭니다. 그렇게 그는 호리키와 함께 당시에는 불법이었던 마르크스주의 사회 운동에 "비합법이 좋아서" 가담하는가 하면, 유곽이며 술집을 돌아다니기도 합니다. 그러던 중 쓰네코라는 카페 종업원을 만나게 되는데, 요조의 표현을 빌리자면 쓰네코는 "지독한 쓸쓸함을 몸 바깥에 한 폭 정도 되는 기류처럼 두르고" 있는 여성이었습니다. 그 후 서로에게서 연민과 동질감을 느낀 쓰네코와 요조는 동반자살을 시도하기에 이릅니다. 그러나 요조는 이 시도에서 혼자 살아남게 되고, 이후 아주 약간의 돈을 송금받는 것 외에는 가족과도 거의 교류 없이, 사실상 절연당한 채 살아가게 됩니다.

다행히 그림 그리는 재주는 있었던 요조는 만화를 연재하거나, 삽화를 그리면서 근근이 생계를 꾸려갈 수 있었습니다. 그리고 요조를 아껴주고 함께 살게 되는 여성도 둘이나 더 나타나지요. 그러나 요조는 여전히 그들과 깊은 관계를 맺고 싶어 하지 않았습니다. 심지어 자신이 끼어들면 안 될 것 같다는 이유로 함께 살고 있던 시즈코의 집에서 갑자기 도망쳐 나와버리기도 하지요. 그러고 나서 만나게 된 요시코는 요조를 무조건적으로 신뢰하는 사람이었는데, 요조는 그 "폭포 같은" 신뢰에 감동하여 그와 동거하게 됩니다. 그러나 어느 날 요시코가 강간당하는 것을 목격한 요조는 거대한 공포심에 사로잡혀 또 한 차례 자살을 시도합니다. 피해자는 요시코인데 본인이 공포에 사로잡히다니 주객전도도 이런 주객전도가 없는 것 같기는 합니다만, 이미 그전부터 자신을 위해주는 사람에게 죄책감과 공포를 함께 느껴왔던 요조는 요시코가 피해를 당한 일이 마치 자기 탓인 것처럼 느꼈던 것입니다.

또 한 번의 자살 시도 이후 요조는 요시코를 떠나지만, 새로 정착한 곳에서는 헤로인에 중독되고 맙니다. 이 시점에 이르면, 가족과 친구들은 요조를 아주 골칫덩이로 취급하고 있습니다. 결국 요조는 이들에 의해 시설이 매우 열악한 정신병원으로 끌려가게 되고, 퇴원한 뒤에도 가족이나 친구들과 떨어져 시골에서 요양하며 살게 됩니다. 이것으로 수기는 끝이 나고, 액자 바깥의 이야기인 화자는 그 이후 요조의 생사를 알 수 없게 되었다고 밝히고 있습니다.

"왜 사람들은 자살하는가?"

자살에 대한 대인관계이론

이야기 속에서 요조는 총 두 번 자살을 시도합니다. 작가인 다자이 오사무는 삼십구 년이라는 짧은 생애 동안 총 다섯 번의 자살을 시도했고, 자살로 생을 마감했습니다. 이러한 이유로 『인간 실격』을 자전적 소설이라고 보는 사람도 많습니다. 마치 쌍둥이 같은 작가와 요조의 인생을 들여다보고 있노라면 자연스럽게 도대체 왜 그렇게 죽고 싶어 했을까, 라는 의문을 품게 되지요. 하지만 여기에 대해 여러 가지 그럴듯한 가설을 세워볼 수는 있어도 어떤 것이 가장 결정적인 요소였는지 알아내기는 쉽지 않습니다. 그렇다면 이제는 계속해서 자살에 대해 연구해왔던 학자들의 목소리를 들어볼 차례입니다.

토마스 조이너(Thomas Joiner, 1965~)는 우울증과 자살에 대해 지속적으로 연구해온 미국의 임상심리학자입니다. 앞서 소개한 슈나이드먼이 자살을 연구하게 된 계기가 유서 발견이었다면, 조이너의 경우에는 친족의 자살이 그 계기였습니다. 그가 대학원에 재학하고 있을 당시 조울증을 앓던 아버지가 자살로 갑작스럽게 사망한 것입니다. 당시 그는 심리학 전공자로서 자살에 대해 일반 사람들보다 더 많이 알고 있기는 했지만, 기존의 자살 이론 중 어떤 것도 아버지의 죽음을 충분히 설명해주지는 못한다는 것을 통감했다고 합니다. 결국 조이너는 직접 자살 연구자가 되어, 자살과 관련된 심리학 이론 중에서 가장 영향력 있는 이론인 자살에 대한 대인관계이론the interpersonal theory of suicide을 정립하였습니다.

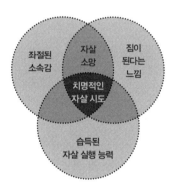

자살에 대한 대인관계이론은 우선 '자살을 소망하는 마음suicide desire'과 '자살을 실행할 수 있는 능력suicide capability'을 구분하였으며, 자살하는 사람들은 보통 이 두 가지 요인을 모두 가지고 있다고 말합니다. 자살을 소망하는 마음은 또다시 하위 개념인 '좌절된 소속감thwarted belongingness'과 '짐이 된다는 느낌perceived burdensomeness'으로 나눌 수 있습니다.

먼저 자살 소망을 구성하는 두 가지 요소를 살펴봅시다. 여기 해당하는 두 가지 요소인 '좌절된 소속감'과 '짐이 된다는 느낌'은 사람이 어떨 때 스스로 목숨을 끊고 싶어 하는지, 세상에서 사라지고 싶어지는지에 대한 통찰을 담고 있습니다. 먼저 '좌절된 소속감'에 대해 살펴볼까요. 여기서 말하는 소속감이란 학교나 회사, 동아리 등 여러 단체의 일원으로서 느끼는 일체감뿐만 아니라, 가족, 친구, 연인 등의 친밀한 대인관계에서 수용되고, 사랑받으며, 의미 있는 관계를 유지하고 있다는 느낌도 포괄하는 개념입니다. 즉 어떤 형식으로든 내가 특정 사회적 관계망에 속한 일원이라는 것을 확신하는 주관적 느낌이지요.

사실 소속감은 인간의 가장 기본적인 욕구 중 하나입니다. 기본적인 욕구라 함은, 마치 생리적 욕구처럼 적절히 충족되지 않으면 살아가기 어려운 욕구라는 이야기입니다. 인간에게 있어 소속감이 매우 중요하다는 것을 언급한 여러 학자 중에서 대표적으로 사회심리학자 로이 바우마이스터(Roy F. Baumeister, 1953~)와 마크 리어리(Mark R. Leary, 1954~)를 들 수 있겠는데요, 이들은 소속욕구need to belong란 "지속적, 긍정적이며 중요한 대인관계를 최소 수준 이상으로 형성, 유지하고 싶은 지속적인 욕망"이라고 정의하였으며, 관계로부터 배제되는 것은 많은 심리적 고통을 초래한다는 것을 여러 실험과 연구를 통해 밝혀냈습니다.[*] 진화론적인 측면에서 살펴보아도 관계망에 소속된다는 것의 중요성을 알 수 있는데요. 오랜 옛날부터 인간은 무리 지어 협동 생활을 해왔기에 집단에서 쫓겨난다는 것은 곧 죽음을 의미했습니다. 그러니 타인과 의미 있는 관계를 맺지 못하고 외따로 떨어져 있다는 느낌은 단순히 비유의 차원을 넘어서, 실제로 죽음과 연관되어 있는 것이라고 할 수 있겠습니다.

　그런 의미에서, 『인간 실격』의 주인공 요조는 아주 어릴 때부터 자살에 취약했던 사람이라고 말할 수 있겠습니다. 요조는 수기의 시작부터 자신은 인간의 삶을 도무지 이해할 수 없다고 고백하고 있으니까요. 타인을 이해하지 못하고 도리어 무서워하면서, 퍼포먼스로 상황을 모면하기에만 급급하다면 상대가 누구라 해도 진정으로 가까워질 리 없습니다. 그러니 소속감을 경험할 수도 없지요. 그나마 요조와 가깝게 지냈던 호리키도 마찬가지입니다. 요조는 호리키를 좋아하고 우정을 쌓고 싶어서 같이 어울렸던 것이 아니라, 그가 수완이 좋은 데다 같이 있으면 자신은 별로 말을 하지 않아도

* Baumeister, R. F., & Leary, M. R., *The need to belong: desire for interpersonal attachments as a fundamental human motivation*, Psychological bulletin 117(3), 1995, pp.497.

되어서 함께 다녔다고 했습니다. 요조가 함께 살았던 여성들을 살펴보아도 그렇습니다. 요조가 사랑을 느꼈던 것은 오직 쓰네코뿐이었으며, 쓰네코를 사랑했던 것도 그녀의 쓸쓸함에 끌려서이지 그녀와 깊은 '관계'를 맺을 수 있어서는 아니었습니다. 한때 동거했던 시즈코나 요시코에게도 그저 같이 살고 몸을 의탁했을 뿐 마음을 터놓은 적은 없었습니다. 결국 요조는 그들의 삶에서 쉽게 떨어져 나가게 되지요.

자살 소망을 이루는 또 다른 한 축인 '짐이 된다는 느낌'은 문자 그대로 '내가 없는 게 더 낫겠다' '주변 사람들을 위해 내가 사라져줘야겠다'는 느낌, 자신은 무능하고 다른 사람에게 아무런 도움이 될 수 없을 것 같다는 느낌을 말합니다. 그저 살아 있는 것 자체만으로도 주변 사람에게 폐가 된다는 죄책감이 지속되어, 결국 자신이 사라져야겠다는 생각에 이르게 되는 것이지요. '짐이 된다는 느낌'은 이 책의 곳곳에서 얼굴을 드러내면서도 아주 짤막하게, 혹은 간접적으로 그 심정을 추측해볼 수 있을 정도로만 묘사되는데(예를 들면 여성과 다방에 들어가 우유를 마셨는데 돈이 없어 여성이 대신 값을 지불하는 장면이라든가, 약방에 진 빚을 갚기 위해 아버지에게 편지를 쓰는 장면 등), 요조가 시즈코라는 여성을 갑자기 떠나가는 장면에서는 좀 더 직접적으로 묘사되어 있습니다. 시즈코와 헤어지던 날, 요조는 여느 때처럼 만취하여 겸연쩍은 마음으로 귀가하다가 시즈코와 시게코 모녀가 나누는 대화를 듣게 됩니다. (시게코는 시즈코가 이전 결혼에서 낳았던 딸입니다.)

"왜 술을 마시는 거야?"
"아빠는 말이야, 술이 좋아서 마시는 게 아니에요.
너무 착한 사람이라, 그래서……."

그러면서 모녀는 그날 집에 데려온 토끼를 바라보며 즐거워합니다. 무척 평화롭고 행복한 모습이지요. 모녀의 대화를 들은 요조는 흐느끼며 이렇게 생각합니다. "행복할 거야, 이 사람들은. 나 같은 멍청이가 이 두 사람 사이에 끼어들면 이제 곧 두 사람을 망쳐놓을 거야." 요조는 그 길로 집을 나가 두 번 다시 모녀의 앞에 나타나지 않습니다. 자신이 없는 편이 두 사람에게 훨씬 더 낫다고 생각했던 것이지요.

'좌절된 소속감'과 '짐이 된다는 느낌'이 죽고자 하는 욕망을 구성하는 요인들이라면, '습득된 자살 실행 능력acquired capability for suicide'은 이를 실현하는 요인입니다. 조이너의 자살

이론은 기존 이론에 비해 여러 장점이 있는데, 그중에서도 가장 눈에 띄는 것은 실제로 자살을 실행할 수 있는 '능력'을 이론의 주요 요인 중 하나로 언급했다는 점입니다. 물론 그전에도 이를 언급한 학자들은 많았지만, 이를 자기 이론의 핵심 구성 요소로 삼은 사람은 조이너가 처음입니다.

인간은 살아남고자 하는 생물로서의 본능을 가지고 있습니다. 때문에 아무리 괴로운 상황에 처해 있다고 해도 자신에게 치명적인 위해를 가하는 것은 쉽지 않은 일입니다. 실제로 자살을 시도하려던 사람이 도중에 마음을 바꾸어 도움을 요청하거나 자살 시도를 그만두는 일이 많은데, 인간의 생에 대한 본능을 보여주는 예라고 할 수 있겠습니다. 자신에게 치명적인 상처를 입히는 것은 이처럼 강한 삶에 대한 본능을 뛰어넘어야 하는 일이므로, 자살자들은 강한 자살 소망뿐 아니라 정말로 자신을 죽일 만한 능력, '습득된 자살 실행 능력'을 가지고 있었을 것이라는 게 조이너의 주장입니다.

여기서 자살을 수행할 수 있는 능력은 인생을 살면서 '습득'되는 것이라는 말에 주목해야 할 것 같습니다. 이는 즉, 사람이 여러 가지 이유로 신체적인 고통에 지속적으로 노출되어 거기 익숙해질 경우 참아낼 수 있는 상해나 부상의 수준이 높아지게 되며, 결국 의학적으로 치명적인 수준의 고통에도 무뎌지게 된다는 의미입니다. 고통에 내성을 가지게 된다는 것이지요. 자살 실행 능력을 습득하게 되는 경로로는 반복적인 자해나 자살 시도, 어린 시절 경험한 학대, 자신이나 타인의 부상에 거듭해서 노출되는 일(외과 의사, 운동선수 등이 이에 해당하겠습니다) 등이 있습니다.

주인공 요조의 경우 소설의 마지막 시점에서 높은 수준의 자살 실행 능력을 가지고 있었다고 말할 수 있습니다. 그렇게 말할 수 있는 가장 큰 근거는 우선 요조가 과거 두 번이나 자살을 시도했던 이력을 가지고 있다는 점입니다. 자살 기도 전력은 자살 위험성을 평가할 때 가장 우선적으로 살펴보아야 할 부분인데요. 실제로 정신 건강 관련 분야의 전문가들은 자살 위험성 평가와 관련된 훈련을 받을 때 환자 혹은 내담자에게 과거 자살 시도 경험이 있는지를 반드시 확인해야 한다는 내용을 매우 여러 번 반복하여 배우게 됩니다. 그만큼 이론뿐 아니라, 실제 임상 현장에서도 매우 중요한 요소라는 이야기지요. 조이너 또한 "(복수의 자살 기도 여부는) 치명적인 자해를 가할 수 있는 습득된 능력의 가장 확실한 표식이기 때문"에 눈여겨보아야 한다고 말한 바 있습니다.*

---

* 토마스 조이너, 김재성 옮김, 『왜 사람들은 자살하는가?』, 황소자리, 2012.

정신건강의학과 외래 진료를 받던 환자들을 이십 년간 추적하여 그 기간 동안 사망한 환자들을 분석한 연구 결과에 따르면, 전체 사망자 중에서 자살로 사망한 사람을 구분해내는 가장 확실한 기준은 과거의 자살 시도 및 정신과 입원 이력과 연령이었다고 합니다.[*]

또한 요조는 장기간 알코올과 약물을 남용해왔는데, 약물 남용 역시 스스로에게 치명적 위해를 가할 수 있는 능력을 습득하는 대표적인 경로 중 하나로 손꼽힙니다. 이와 관련된 연구는 많지만 한 가지만 예를 들어보겠습니다. 바로 마약의 일종인 헤로인 사용자의 자살과 관련된 연구인데요. 심한 헤로인 복용 집단과 일반인 집단의 사망 원인을 비교해본 결과, 헤로인을 남용하는 사람은 일반인에 비해 자살로 사망할 확률이 열네 배 이상 높았다고 합니다.[**] 연구진은 여기서 자살할 의도가 전혀 없었지만 헤로인을 과다 복용한 결과 사고사한 경우도 있을 수 있다고 판단하여 자살 방법이 마약 복용이었던 사람들을 아예 제외한 뒤 다시 분석해보기도 하

---

[*]   Brown, G. K, Beck, A. T., Steer, R. A., & Grisham, J. R., *Risk factors for suicide in psychiatric outpatients: a 20-year prospective study*, Journal of consulting and clinical psychology 68(3), 2000, pp.371.

[**]   Darke, S., Ross, J., *Suicide among heroin users: rates, risk factors and methods*, Addiction 97(11), 2002, pp.1383~pp.1394.

였는데, 이때도 여전히 헤로인 복용 집단이 일반인들보다 더 높은 수준의 자살률을 보였다고 합니다.

자살을 이해하는 행위의 의미

지금까지 자살에 대한 대인관계이론으로 분석한 요조의 일생에 대해 길게 이야기했는데요. 요약하자면 그 내용은 이렇습니다. 요조는 어렸을 때부터 성인이 될 때까지 대인관계 내에서 소속감이란 것을 느끼지 못했습니다. 또한 이렇다 할 직업도 갖지 못하고 경제적으로 불안정한 상태에서 주변 사람들에게 생활을 의지하면서, 자신이 짐이 되고 있다고 생각해왔습니다. 게다가 약물과 알코올을 오랫동안 남용하면서 스스로에게 위해를 가할 수 있는 능력을 점차로 습득해왔으며, 두 차례에 걸쳐 자살을 시도하기도 합니다. 이는 그가 추후 또다시 자살을 시도할 위험성이 높다는 것을 알려줍니다.

어찌 보면 굉장히 복잡한 인생인데, 이론이라는 도구를 사용하니 이렇게 한 문단 정도로 간단히 요약할 수 있게 되었네요. 이처럼 특정 개념과 이론을 토대로 한 사람이 보이는 문제 행동의 원인, 지속 요인 등에 대해 가설을 세우고 이를 검증하는 일련의 활동을 상담에서는 사례 개념화^case formulation라고 합니다.

그런데 어떤 사람들은 복잡하고 다층적인 인간의 삶을 이처럼 간단하게 요약해버리는 것에 대해 거부감을 드러내기도 합니다. 기실 개념화를 한다는 것은 특정한 개념적 필터에 따라 어떤 정보는 덜 중요하게 여기고, 어떤 정보는 더 중요하게 여겨 부각하는 것을 의미하니까요. 토마스 만의 단편소설 「토니오 크뢰거」에는 주인공 토니오가 자신이 예술가인지 시민인지 모르겠다며 고민을 거듭하자, 친구인 리자베타 이바노브나가 "당신은 길 잃은 시민"이라고 입장을 정리해주는 장면이 나옵니다. 그러자 그는 모자를 쓰고 밖으로 나가면서 "이제 안심하고 집에 갈 수 있습니다. 나는 처리되어버렸으니까요"라고 비꼬듯 대답하지요. '처리되어버렸다.' 조금 극단적이지만, 그렇게 생각할 수도 있을 것 같습니다. 또한 철학자 장 아메리는 『자유죽음』에서 "자살을 이미 감행했거나 염두에 두고 있는 사람들에게 자살학의 진단은 아무 도움이 되지 않는다"고 비판한 바 있습니다. 사실 그렇습니다. 적극적으로 죽음을 선택하고자 하는 한 인간의 의지 앞에서, 자살 이론의 힘은 더없이 미약해 보이기도 합니다.

다만, 한 가지 언급하고 싶은 것이 있습니다. 조이너의 저서 『왜 사람들은 자살하는가?』의 뒤표지에는 책을 읽은 사람들의 간략한 후기가 적혀 있는데, 그중에서 자살로 가족을 잃은 칼라 파인이라는 작가는 "이 책을 읽으며 놀라운 이해와 치유를 경험했다"고 말합니다. 참 이상하지요. 단지 자살에 대한 개인의 이론을 정리한 대중서일 뿐인데 그 책을 읽고 치유를 경험했다네요. 하지만 친밀하게 지내던 사람의 자살을 겪은 사람의 마음을 헤아려본다면, 이 '치유'라는 단어가 의미하는 바를 좀 더 잘 이해할 수도 있을 것 같습니다. 자살은 다른 종류의 죽음과는 달리 사망자가 그 죽음을 의도한 것이기 때문에, 사랑하는 사람이 자살했을 경우 그 주변인들은 망자가 도대체 왜 자살을 선택했는지, 혹시 자신이 그 죽음에 원인을 제공한 것은 아닌지, 그 죽음을 미연에 방지할 수는 없었을지 고민하게 되기 마련입니다. 따라서 이러한 고민에 시달리던 사람이 자살을 이해할 수 있는 사고의 틀을 가지게 된다는 것은 고인의 마음을 헤아리는 하나의 방법을 얻는 일이 될 것입니다.

또한, 조이너 그 자신이 말했듯 한편으로는 "(자살이) 유가족의 탓이 아니라 자살자가 지녔던 느낌" 때문이었음을 알게 된다는 것을 뜻하기도 하지요. 이는 자살자의 유가족에게 위안을 줄 뿐만 아니라, 그 스스로 자살을 생각하는 사람, 혹은 지금 소중한 사람이 자살을 생각하고 있는 사람에게도 도움이 되는 것 같습니다. 나 혹은 내가 소중하게 생각하는 사람이 죽음을 생각할 때 그러한 마음이 어떤 고통에서 비롯되었을지 이해하고 더 알아가기 위한 출발점을 마련해준다는 점에서요. 이런 점을 생각한다면 자살에 대해 이해하는 것은 비단 자살 예방의 최전선에 서 있는 정신 건강 전문가뿐만 아니라 더 많은 사람에게 중요한 일이 될 것 같습니다. 어쩌면 나아가 치유의 첫걸음이 될 수 있을지도 모르겠네요.

베르테르 효과와 전염되는 자살

_『젊은 베르테르의 슬픔』

누군가의 자살이 내 마음에 일으키는 파문,

베르테르 효과

어쩐지 21세기에 들어선 이후 유명인이 자살로 세상을 등졌다는 소식을 더 많이 접하게 된 것 같습니다. 2003년 만우절에는 배우 장국영이 정말 거짓말처럼 세상을 떠났고, 2014년에는 '영원한 지니'로 남을 것이라 생각했던 로빈 윌리엄스가, 2017년에는 린킨파크의 보컬 체스터 베닝턴이 스스로 목숨을 끊었지요. 한국에서는 2008년 배우 최진실 씨가 세상을 떠났고, 그 이듬해인 2009년에는 노무현 전 대통령이 세상을 등졌습니다. 그후 2017년부터 2019년까지 아이돌 출신 연예인이 무려 세 명이나 자살을 선택했습니다.

이처럼 대중에게 큰 사랑을 받고 많은 이들에게 영향을

미쳤던 유명인이 자살로 사망하는 경우, 종종 일시적으로 자살률이 상승하는 현상이 일어나기도 합니다. 이러한 현상을 소설『젊은 베르테르의 슬픔 *Die Leiden des jungen Werthers*』속 주인공의 이름을 따와 일명 '베르테르 효과'라고 하지요. 베르테르 효과로 인해, 병원이나 상담소, 공공기관 등에서 내담자들을 대하는 치료자들은 유명인의 자살을 접하면 고인에 대해 안타까워하는 것과 동시에, 지금 혹시라도 위태로운 상황을 맞고 있을지 모르는 내담자들의 얼굴을 떠올리게 됩니다. 특히 내담자가 자살한 유명인과 성별 및 나이대가 같고, 비슷한 개인적인 문제들을 겪는 등 공감할 만한 구석이 많다면 더욱 그렇지요. 그렇다고 친구에게 하는 것처럼 먼저 전화를 걸어 안부를 확인할 수는 없으니, 다음 상담일이 다가올 때까지 평소보다는 조금 더 긴장하며 기다리게 됩니다.

이러한 걱정들이 그저 직업병이고 기우라면, 베르테르 효과라는 것은 사실 존재하지 않는 것이라면 좋겠습니다만, 많은 연구들이 이 효과가 실재한다는 것을 일관적으로 말해 주고 있습니다. 베르테르 효과를 분석한 논문들은 전 세계적으로 아주 많이 있지만, 아무래도 제 눈에 띄는 것은 한국 연구팀이 저 역시도 잘 알고 있는 국내 사건들과 관련된 데이터를 분석한 연구들인 것 같습니다. 그중 탤런트 최진실 씨와 노무현 전 대통령이 자살한 직후 국내에서 관련 언론 보도와 자살률, 자살 방법, 자살자 성비 등이 어떻게 변화했는지를 살펴본 연구가 있는데요. 분석 결과, 2008년 최진실 씨가 사망하기 직전 삼 주 동안 한국에서 자살한 사람은 모두 872명이었던 데 비해, 사망 직후 삼 주 동안 자살한 사람은 1,415명으로 같은 기간 동안 사망한 사람이 급증한 것을 알 수 있었다고 합니다.* 또한 두 사람의 자살이 보도된 직후 이들이 택했던 것과 같은 자살 방법을 사용한 사람의 비율 역시 유의한 수준으로 증가했다고 합니다. 이러한 연구 결과들은 유명인의 자살이 자살률 상승에 실제로 영향을 미친다는 것을 보여주는 강력한 증거 중 하나입니다.

2019년 〈네이처 리서치〉에 실린 다른 논문에서는 1993년부터 2013년까지 약 십 년에 걸쳐 유명인이 질병이나 사고 등으로 사망하게 된 경우와 자살로 사망한 경우 각각의 자살률 통계를 비교하였고, 혹시 특정 연령이나 성별이 유명인의 자살에 더욱 민감하게 반응하지는 않는지 확인하였습니다.**

---

* 노무현 전 대통령의 자살 직후에도 자살률이 증가하기는 했으나 통계적으로 유의한 수준은 아니었는데, 연구진은 이러한 현상의 원인에 대해서 최진실 씨의 자살이 언론에 더 많이 보도되었다는 점, 그 사생활이 보다 낱낱이 알려졌다는 점, 많은 사람들이 더 '친밀하게' 여기던 스타였던 점이 그 이유가 될 수 있다고 설명했습니다.

** Yi, H., Hwang, J., Bae, H. J., & Kim, N., *Age and sex subgroups vulnerable to*

그 결과, 이십 세에서 이십구 세의 여성이 타 연령대 여성이나 남성들보다 유명인의 자살에 더 많은 영향을 받는다는 것을 확인할 수 있었는데, 연구자들은 이들 집단에서 우울장애나 불안장애와 같은 정서문제가 상대적으로 더 많이 발생하기에 이런 결과가 나왔을 수 있다는 가설을 제기하였습니다. 또한, 베르테르 효과는 유명인이 자살로 사망한 경우에만 관찰되었고, 다른 원인으로 사망하게 된 경우에는 나타나지 않았는데, 이는 그저 유명인의 죽음 자체가 아니라 '자살'이라는 점이 사람들의 마음에 강력한 영향을 준다는 것을 시사하는 결과라 생각됩니다.

어떤 사람들은 유명인을 따라 하거나 동일시하는 것에 좀 더 초점을 맞추어 베르테르 효과를 종종 '모방자살'이라 부르기도 합니다만, 개인적으로는 그 용어를 별로 좋아하지 않습니다. 물론 사람들 사이에 유명인의 자살에 영향을 받는 경향성이 실재하고 있다는 것을 부정할 수는 없습니다. 하지만 우리가 흔히 모방이라는 단어를 사용하는 것은 '좋아하는 대상과 공통점을 이루기 위해 대상을 본받거나 본뜨다'라는 의미를 표현하기 위함일 때가 많은데, 모방자살이

copyat suicide: evaluation of nationwide data in South Korea, Scientific reports 9(1), 2019, pp.1-pp.9.

라는 표현에는 그 행위 이면에 있을 수 있는 다양한 동기와 역동들을 축소하는 것 같은 꺼림칙함이 느껴지기 때문입니다. 다소 비약일 수 있으나, 앞선 연구들은 사람들이 유명인의 죽음 자체가 아니라 유명인의 '자살'에 영향을 받는다는 연구 결과를 통해 누군가의 '자살' 소식이 다른 사람들의 마음에 일으키는 파동을 살펴봐야 한다고 말하고자 했던 것이 아닐까, 생각해봅니다.

베르테르 효과가 발생하는 데는 여러 가지 원인이 있어, 어떤 한 가지 이론이 모든 현상을 설명해주지는 못합니다. 다만 많은 임상가들은 기존에 자살에 취약성을 가지고 있었던 사람이 미디어에서 유명인의 자살을 접함으로써 자살에 대해 더 많이 생각하게 되고, 그 사람과 자신의 처지를 비교하고 공감하면서(예를 들면 "오죽하면 자살을 했을까"와 같은 생각) 자살에 대한 욕구를 키워가게 되는 것이라 추측하고 있습니다. 특히 미디어에 구체적인 자살 방법이 보도된 경우, 이들에게 자살 방법에 대한 정보를 주는 셈이 되어 자살에 이를 가능성이 더 높아지기도 한다고 합니다.

『젊은 베르테르의 슬픔』이 전 유럽을 휩쓴 베스트셀러가 됐을 때, 이 책을 읽고 자살을 감행했던 사람들은 대부분 소설의 주인공 베르테르와 비슷한 연령대의 남성, 즉 베르테르에게 좀 더 공감하기 쉬웠던 사람들이었다고 합니다(아예 베르테르가 사망 당시 입었다는 푸른 연미복과 노란색 바지를 입고 자살한 사람도 있었을 정도라고 하니 그 영향이 어느 정도였는지 알 만하지요). 또한 그들 대부분은 자살 방식까지도 권총을 관자놀이에 쏘아 자살하는, 베르테르와 동일한 방법을 택했는데, 이러한 연관성이 당대에도 위험하게 느껴지기는 했는지, 라이프치히 신학대학 교수들은 『젊은 베르테르의 슬픔』을 금서로 지정해줄 것을 요청하기까지 했습니다. 이에 2판에서는 저자인 괴테가 직접 "이 책은 자살을 장려하는 책이 아니라 위안을 주기 위한 책"이라는 서문을 써넣을 정도였지요.

많은 사람들이 『젊은 베르테르의 슬픔』을 읽으며 베르테르의 심정에 공감하고, 자신을 되돌아보며 죽음까지 생각하게 된 이유 중 하나는, 이 소설이 실화를 기반으로 하고 있는 데다, 글의 대부분이 베르테르가 친구에게 보내는 편지 형식으로 이루어져 있어 일인칭 화자의 심경이 독자에게 날 것 그대로 전달되는 까닭인 것 같습니다. 실제 경험을 바탕으로 적어낸 심정이니 얼마나 생생하겠습니까. 더구나 그것이 일인칭 시점의 화자를 통해 전달되니 독자로서는 베르테르와 직접 대화하는 느낌을 받았을 것이며, 마치 자신이 베르테르의 친구인 것 같다는 착각까지 들었으리라 짐작됩니다.

  지금부터는 『젊은 베르테르의 슬픔』의 내용에 대해 살펴보도록 하겠습니다. 실화를 기반으로 한 소설이니만큼, 먼저 소설의 저자인 요한 볼프강 폰 괴테의 이야기부터 해보아야겠습니다. 1772년, 이십삼 세의 젊은 괴테는 법률 실습차 베츨라어라는 소도시에 갔다가 요한 크리스티안 케스트너와 그의 약혼녀 샤를로테 부프를 만납니다. 그리고 샤를로테와 이뤄질 수 없는 사랑에 빠져 고통을 겪지요. 여기에 더해, 비슷한 시기 괴테의 친구 칼 빌헬름 예루살렘이 친구의 부인을 짝사랑하다 자살하는 일이 발생합니다. 예루살렘은 자살 당시 푸른 연미복에 노란색 조끼와 바지를 입고 있었다는데, 소설 속에서 베르테르가 자살할 때 입은 복장은 예루살렘의 복장을 그대로 옮긴 것이라고 합니다. 『젊은 베르테르의 슬픔』은 괴테가 다른 남자와 약혼한 여성을 사랑하게 된 자신의 이야기와, 비슷한 이유로 자살을 감행한 친구의 이야기를 섞어서 쓴 소설입니다.

  이제 초점을 베르테르에게 맞춰봅시다. 소설은 주인공 베르테르가 원래 살던 곳을 떠나 어느 소도시에 새로 정착하는 장면으로 시작됩니다. 그곳에서 그는 로테라는 여성을 만나게 되는데, 아이들에게 빵을 나눠주는 그녀의 다정하고 활기찬 모습, 꾸밈없이 밝은 태도로 자기가 좋아하는 책에 대해 이야기하는 모습, 갑자기 천둥 번개가 치자 무서워하는 사람들을 재치 있게 달래는 모습 등을 보고 그만 그녀를 사랑하게 되지요. 다른 사람들에게서 로테에게는 이미 약혼자가 있으니 사랑에 빠지지 않도록 조심하라는 경고를 들은 다음인데도 말입니다. 로테를 향한 베르테르의 사랑은 너무나 격정적인 것이어서, 그는 손가락만 스쳐도 "흥분감이 모든 혈관을 타고 흐른다"고 하고, "자고 일어나서도 로테부터 생각"하게 됩니다.

그러나 격렬한 사랑의 흥분도 잠시, 한 달 뒤 잠시 떠나 있던 로테의 약혼자 알베르트가 돌아오자 베르테르는 지금까지 알면서도 애써 미루어왔던 사실을 받아들이지 않을 수 없게 됩니다. 자신과 로테는 맺어질 수 없으며, 로테는 자신이 사랑해선 안 되는 사람이라는 것을요. 설상가상으로 알베르트는 정중하면서도 진심을 다하여 베르테르를 대하는 좋은 사람이었습니다. 얼마 지나지 않아 친구에게 보내는 베르테르의 편지는 비탄으로 가득 차고, 베르테르는 괴로움을 견디지 못한 나머지 결국 로테를 잊기 위해 다른 지방 도시로 떠나게 되지요.

그러나 불행히도 베르테르는 그곳에서 잘 적응하지 못합니다. 당시 유럽에서 비교적 새롭게 등장한 계급이라고 할 수 있는 시민 계급이었던 그는 귀족을 위시한 구질서에 비판 의식을 갖고 있었습니다. 그러던 그는 새로 정착한 도시에서 자신에게 호의를 베풀어준 백작이 주최한 사교 모임에 나갔다가 귀족들로부터 주제도 모르고 끼어들었다는 눈총을 받게 됩니다. 이에 모멸감을 느낀 베르테르는 결국 로테를 떠난 지 약 반년 만에 다시 로테가 있는 도시로 돌아오게 됩니다.

이 시점에 이르면 베르테르의 어조는 처음과는 매우 달라져 있으며, 노골적으로 죽음을 말하기 시작합니다. 하루는 "잠자리에 들면서 다시는 깨어나지 않기를 바랄 때가 많"다고 고백하기도 했지요. 그리고 베르테르의 사랑과 고통이 걷잡을 수 없는 지경을 향해 가고 있을 때, 결정적인 사건이 일어납니다. 자신을 향한 베르테르의 사랑이 그 스스로도 감당할 수 없는 수준이 되었다고 판단한 로테는 베르테르를 멀리하기로 마음먹고, 그에게 거리를 두자고 이야기하지요. 그러나 로테에 대한 마음을 누를 수 없던 베르테르는 다시 한 번 그녀를 찾아가게 되고, 기본적으로 베르테르에 대해서 호감을 가지고 있던 로테는 다시 한 번 그를 받아주기로 합니다. 하지만 그날 함께 책을 읽던 중 감정이 격해진 베르테르가 로테를 껴안고 입을 맞추는 일이 벌어지고, 로테는 그런 그에게 냉정한 목소리로 다시는 자신을 보지 못할 것이라고 이야기합니다. 이후 내리는 진눈깨비를 모두 맞으며 집으로 돌아온 베르테르는 알베르트로부터 빌려 온 총으로 자신의 관자놀이를 겨누고 방아쇠를 당깁니다.

동기-결단 모형, 자살로 이어지는 계단을 설명하다

『젊은 베르테르의 슬픔』은 1771년 5월부터 1772년 12월까지의 이야기를 담고 있습니다. 앞서 말했다시피 이 소설은 대부분 베르테르가 친구에게 보낸 편지로 이루어져 있어 날짜를 확인할 수 있기 때문에, 독자는 시간의 흐름에 따라 그의 감상이 어떻게 변하는지 확인할 수 있는데요. 불과 일 년 칠 개월이 지났을 뿐인데, 소설 후반부의 베르테르는 초반부의 그와는 매우 달라져 있습니다. 예를 들어, 맨 처음 새로운 고장으로 떠나오게 되어 얼마나 기쁜지 모르겠다며 친구에게 들뜸과 설렘을 여과 없이 드러내 보이던 그는, 1772년 9월에는 "자연이 가을로 다가가는 것처럼 나의 내면과 내 주위도 가을이 되어가고 있어. 나의 잎사귀는 노랗게 물들고 있고, 주위에 있는 나무들의 잎사귀는 벌써 떨어져버렸지"라고 말합니다. 또한 소설 초반의 베르테르는 호메로스를 읽지만, 후반의 그는 "산속의 동굴에서는 반쯤 날려 흩어지는 망령들의 신음 소리" "홀로 남은 마지막 영웅이 지칠 대로 지쳐 무덤을 향해 비틀거리며 가는 것" 등 어둡고 음울한 심상이 주를 이루는 시를 읽으면서, "오시안*이 내 마음속에서 호메로스를 밀어냈"다고 이야기합니다.

한 번도 자살에 대해 생각해본 적 없던 사람이 어느 날 갑자기 자살을 생각하고, 그것을 바로 실행에 옮기는 것은 매우 드문 일입니다. 많은 경우엔 베르테르가 그랬던 것처럼 시간을 두고 점차 자살을 향해 가까이 다가가게 되지요. 이처럼 시간의 흐름에 따라 변화하는 자살자의 심리적 특성을 잘 보여주는 이론이 있는데, 바로 오코너의 '자살에 대한 동기-결단 모형'입니다.** 이 모형은 자살에 대한 기존의 여러 가지 이론과 요인들을 적극적으로 차용한 통합적 모형이면서도, 시간의 흐름에 따른 마음의 변화 양상을 보다 구체적

---

* 영국 시인 제임스 맥퍼슨의 시 「오시안의 노래」에 등장하는 주인공의 이름입니다.

** O'Connor, R. C., & Kirtley, O. J., The *integrated motivational-volitional model of suicidal behaviour,* Philosophical Transactions of the Royal Society B: Biological Sciences 373(1754), 2018.

으로 개념화할 수 있도록 도와준다는 장점을 가지고 있습니다. 또한, 자살과 관련된 수많은 요인들을 잘 정리해 볼 수 있는 개념적 도구이기도 하지요.

　이 모형에서는 자살하려는 사람이 겪는 마음의 변화를 동기motivation 수준에 따라 크게 세 단계로 나누어 설명하는데요. 바로 동기 전 단계pre-motivational phase, 동기 단계motivational phase, 결단 단계volitional phase입니다. 동기 전 단계는 문자 그대로 아직 특별한 자살 동기가 없는 상태를 설명하는 말입니다. 하지만 어떤 사람이 자살에 대해 전혀 관심이 없는 상태라 할지라도, 다른 사람들에 비해 쉽게 자살을 고려하게 만드는 여러 가지 취약성을 가지고 있을 수는 있지요. 동기 전 단계는 이처럼 자살 위험성을 높일 수 있는 여러 가지 기질적, 환경적 요소들로 이루어진 단계입니다. 이 단계에 포함될 수 있는 요인들은 정말 헤아릴 수 없이 많습니다. 그중 극히 일부만 예를 들어보자면, 우선 뇌 내 신경전달물질인 세로토닌이 낮은 수준인 경우 자살 위험성이 높아질 수 있습니다. 부적응적 완벽주의dysfunctional perfectionism* 성향

---

* 심리학에서 완벽주의(perfectionism)는 결점이 없는 상태를 지향하려는 인지적 특성을 의미합니다. 이러한 특성은 실제 성취를 하는 데 도움을 주기도 하지만, 한편으로는 목표를 지나치게 높게 설정하거나, 스스로를 너무 엄격하게 평가하게 해, 우울,

역시 자살 위험성과 연관되어 있다고 하고요. 이외에도 사회적으로 소수자의 정체성을 가진 것도 이 단계에 해당할 수 있으며, 경제 위기 등으로 사회적 상황이 급변하는 경우 그 사회 전반의 자살률이 높아진다는 것이 알려져 있지요. 여하튼 이 단계는 말하자면 '배경색' 단계라고 생각해볼 수 있겠습니다.

두 번째 단계인 동기 단계는 동기-결단 모형의 중심이 되는 부분으로, 여기서 자살 사고suicidal ideation와 자살 의도suicidal intent가 형성되는 과정이 설명됩니다. 오코너와 동료들은 자살하겠다는 생각과 의도를 형성하는 데 영향을 주는 핵심적인 심리 요인이 패배감defeat과 굴욕감humiliation이라고 설명합니다. 패배감과 굴욕감은 개인에게 아주 중요한 무언가를 상실했거나 그것을 얻는 데 실패했을 때, 혹은 사회적으로 거절당하거나, 공격을 받을 때 경험하게 되는 감정들입니다. 그리고 이 고통스러운 감정들이 제대로 해소되거나 다루어지지 않으면, 이것들은 덫에 걸린 느낌feelings of entrapment으로 변화하게 됩니다. 덫에 걸린 느낌은 말 그대로 함정에

불안 등의 부정정서를 야기하기도 합니다. 이러한 완벽주의를 부적응적 완벽주의라 하며, 부적응적 완벽주의는 우울장애, 섭식장애, 불안장애와 관계가 있다고 알려져 있습니다.

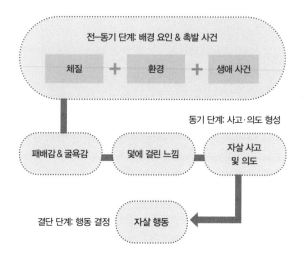

전-동기 단계: 배경 요인 & 촉발 사건

체질 + 환경 + 생애 사건

동기 단계: 사고·의도 형성

패배감 & 굴욕감 → 덫에 걸린 느낌 → 자살 사고 및 의도

결단 단계: 행동 결정 자살 행동

빠진 듯한 느낌, 도무지 자신에게 패배감과 굴욕감을 겪게 한 상황에서 빠져나올 수 없을 것 같다는 절박한 느낌이지요. 결국 덫에 걸린 느낌은 자살만이 유일한 해결책이라는 생각으로 이어지게 됩니다. (이 모형에는 패배감과 굴욕감 단계에서 덫에 걸린 느낌, 그리고 자살 사고로 이어지는 과정에 영향을 주는 많은 요소들이 언급되어 있습니다만, 지나치게 복잡해지는 것을 피하기 위해 그 부분은 건너뛰도록 하겠습니다.)

여담입니다만, 이 '덫에 걸린 느낌'이라는 개념에 대해 생각하고 있으면 피터 위어 감독의 명작 영화 〈죽은 시인의 사회〉에 나오는 닐 페리가 떠오릅니다. 그 자신은 연극을 너무나 사랑하지만, 자신을 의사로 만들기 위해 물불 가리지 않는 아버지 때문에 갈등하던 닐은 둘 중 어느 것을 선택해도 고통스러워지는 상황이 오자 "덫에 걸렸군요"라고 말합니다. 스승 키팅은 그런 그에게 그렇지 않다고 말해주지만, 이후 아버지 몰래 연극 무대에 섰다가 들켜 강제로 전학을 가게 된 닐은 얼마 지나지 않아 자살하고 맙니다.

덫에 걸렸다는, 그래서 어떻게 해도 빠져나올 수 없다는 느낌이 그만큼 강력한 것인지, 오코너와 그의 동료들이 자살을 시도했던 환자들을 대상으로 사 년 간격의 추적 연구 조사를 한 결과, 덫에 걸린 느낌은 자살 시도 가능성을 비교적 잘 예측한다고 알려져 있던 기존 지표인 무망감 hopelessness, 우울, 과거의 자살 시도 경력과 자살 사고 등의 요인과 비교했을 때, 반복적인 자살 관련 행동을 더 잘 예측해주는 요인으로 드러났다고 합니다.[*]

이제 베르테르가 느꼈을 패배감과 굴욕감에 대해 살펴봅시다. 여기서 강조하고 싶은 것은 베르테르가 경험한 상실이 오로지 로테와의 사랑에서 온 것만은 아니라는 점입니다.

---

[*] O'connor, R. C., Smyth, R., Ferguson, E., Ryan, C., & Williams, J. M. G., *Psychological processes and repeat suicidal behavior: A four-year prospective study,* Journal of consulting and clinical psychology 81(6), 2013, pp.1137.

물론 이 소설 전체를 이끌어가는 주제가 실연이라는 데에야 반박의 여지가 없지만, 베르테르는 로테와의 관계에서뿐 아니라 자신이 속한 사회에 적응하는 데에도 여러모로 어려움을 겪었던 사람이니까요. 앞서 설명했듯 그는 시민 계급이면서 꾸준히 관습이나 권위에 의문을 품는 성품의 소유자였습니다. 그러니 당연히 귀족들과 좋은 관계를 유지했을 리 없죠. 실제로 로테를 떠나 다른 도시에 정착하려 했던 그가 그곳 귀족들의 공공연한 따돌림과 자신에 대한 부정적인 소문들로 인해 그곳에 오래 머물지 못하고 다시 로테가 있는 도시로 돌아오게 되었다는 것을 앞에서 살펴본 바 있습니다.

베르테르는 이후 로테를 향한 사랑을 더욱 불태우게 되지만, 이미 약혼자가 있었던 그녀가 자신의 마음을 받아주지 않자 더욱더 고통스러워하면서 빠른 속도로 자살을 향해 다가가기 시작하지요. 1772년 10월 즈음에 이르면, 자신이 로테에게뿐만 아니라 다른 사람들에게도 별 의미 없는 사람일지 모른다는(더 나아가 모든 사람이 타인에게 별것 아닌 존재인 것 같다는) 생각에 빠져듭니다.

자신이 무가치하다는 생각으로 인해 고통스러워하던 베르테르는 이렇게 씁니다. "온 마음으로 가득히 축복한다 해도, 내 앞에 냉정하고 무기력하게 서 있는 사람을 행복하게 할 도리는 없어." 이 말에 그 어떤 따뜻한 말과 마음도 다른 사람을 죽음으로부터 구할 수 없고, 결코 그를 치명적인 상태에서 되돌려놓을 수 없다는 인식이 전제되어 있는 것이 느껴지시나요. 저는 베르테르의 이런 말들로부터 고통으로부터 빠져나올 방법이 없다는 인식, '덫에 걸린 느낌'을 읽을 수 있습니다. 어떤 축복을 받는다 해도 행복해질 도리가 없다니요. 이러한 인식은 그 순간 그가 당면한 상황이 주는 패배감과 굴욕감에서 오는 듯하지만, 소설을 읽다 보면 어쩐지 그러한 생각은 사실 오래전부터 그의 마음속에 뿌리내리고 있었던 것은 아닌가, 라는 의심이 듭니다. (당연한 말이지만 첨언하자면, 주변 사람들이 어떻게 해준다 하더라도 불행한 사람의 기운을 북돋워줄 수 없다는 생각은 많은 경우 사실이 아닐 가능성이 높습니다. 고통받는 사람을 대하는 주변인들의 태도는 회복에 있어 가장 중요한 요소입니다.)

자살을 주제로 이루어진 알베르트와 베르테르의 유명한 논쟁을 다루고 있는 1771년 8월 12일자 편지의 내용을 살펴봅시다. 착실한 시민 알베르트가 자살은 멍청한 짓이라며 자살하는 사람들을 비난하자, 베르테르는 그들의 상태를 회복될 수 없는 치명적인 질병에 걸린 사람에 비유하면서 자살을 선택하는 사람들을 변호하죠. 그리고는 그런 사람들을 두고 시간이 치유하기를 기다렸다면 다 괜찮아졌을 텐데, 라고 말하는 것은 "바보 같으니, 열병 때문에 죽다니! 체력이 회복돼서 다시 생기가 돌고 끓어오르던 피가 가라앉을 때까지 기다렸으면 모든 것이 잘되었을 텐데"라고 말하는 것과 같다고 이야기합니다. 그리고 이렇게 덧붙이지요. "침착하고 이성적인 사람이 불행한 사람의 상태를 파악하는 것은 아무 소용 없어요. (…) 병자의 침상 곁에 서 있는 건강한 사람이 자신의 힘으로는 환자에게 아무 영향을 끼칠 수 없는 것과 같이 말입니다."

다시 동기-결단 이론으로 돌아와서, 이 이론의 마지막 단계인 결단 단계는 자살 의도와 행동 사이를 잇는 단계, 즉 자살에 대한 생각이나 의사를 실제 행동으로 옮길 수 있게 하는 요소들을 설명하는 단계입니다. 이 단계에서 고려되는 요소들은 자살 도구를 획득할 수 있는가, 가까운 타인의 자살을 접한 적 있는가, 자살에 대한 구체적인 계획을 가지고 있는가 외에도 충동성, 죽음을 두려워하지 않는 특성, 고통 감내 능력, 과거 자살 행동 이력, 자살에 대한 심상 등이 있습니다. (앞서 다루었던 자살에 대한 대인관계 모형의 '습득된 자살 실행 능력'에서 언급했던 요인들도 꽤 들어가 있는데, 이

것은 동기-결단 모형이 자살을 잘 설명한다고 알려진 여러 가지 기존 가설들을 수용한 모형이기 때문입니다.)

이와 관련하여 스코틀랜드에서 약 삼천오백 명을 대상으로 실시된 연구가 하나 있는데요. 연구 참여자를 자살 사고가 없는 사람(통제집단), 자살 사고가 있는 사람, 자살을 시도한 경험이 있는 사람의 세 집단으로 분류한 뒤, 자살 사고만 있는 사람과 실제로 자살을 시도한 사람들을 구분해주는 요인들을 찾아보았다고 합니다.[*] 그 결과 결단 단계에 해당하는 요인들을 가지고 있느냐 그렇지 않느냐가 자살을 생각하기만 한 사람과 실제로 자살을 시도한 사람 사이의 차이점이었다고 합니다. 그 요인들은 바로 '습득된 자살 실행 능력' '충동성' '심상 mental imagery' '자살에 대한 노출' 네 가지였습니다. 여기서 유독 저의 눈길을 끌었던 것은 자살에 대한 심상이었는데, 자살에 대해 반복적으로 상상하는 것만으로 실제로 자살 행동을 하게 될 위험이 높아진다는 점이 새삼 새롭게 느껴졌기 때문입니다.

---

[*] Wetherall, K., Cleare, S., Eschle, S., Ferguson, E., O'Connor, D. B., O'Carroll, R. E., & O'Connor, R. C., *From ideation to action: Differentiating between those who think about suicide and those who attempt suicide in a national study of young adults*, Journal of affective disorders 241, 2018, pp.475-pp.483.

조금 맥락이 다른 이야기일 수도 있겠습니다만, 토마스 조이너 역시 자신의 책『왜 사람들은 자살하는가』에서 자살의 궤도에 깊이 진입해 있는 사람들은 죽음을 아주 독특한 시각에서 바라보는데, 그들은 죽음을 "아름다운" 또는 "우아한"과 같은 표현을 써서 묘사한다고 기술합니다. 또한 죽음, 파괴, 폐허와 같은 개념을 삶, 생명력, 보살핌 같은 개념과 융합시키는 경향이 있다고도 했지요.* 베르테르 역시 (특히 소설 후반부로 갈수록) 자살이나 죽음, 폐허와 같은 심상을 더욱 자주 떠올리는 경향을 보입니다. 앞서 말했던「오시안의 노래」에서도 망령, 무덤, 이끼 등과 같은 심상들을 자주 인용하지요. 더욱 특기할 만한 것은 베르테르가 이 시점에서는 죽음을 '자유로워지는 것'이라고 해석하고 있다는 점입니다. 우리는 베르테르가 홀로 남은 영웅에 대해 "나는 (…) 고귀한 시종처럼 칼을 뽑아, 서서히 죽어가고 있는 나의 제후를 단말마의 고통으로부터 단번에 해방시키고" 싶다고 말하는 장면에서 그런 해석을 발견할 수 있습니다.

베르테르는 그로부터 약 삼 주 정도 지난 후 "잠자리에 들면서 다시는 깨어나지 않기를 소망한다"고 말하기도 하는

---

* 토마스 조이너, 앞의 책, 160~161쪽.

데요. 다시 얼마 뒤에는 보다 구체적인 자살 행동을 보입니다. 강물이 범람하고 계곡이 물에 잠길 정도로 폭우가 쏟아지던 어느 날, 자정이 가까운 늦은 밤에 계곡으로 뛰쳐나간 그는 "홍수 진 물이 소름 끼치도록 장엄하게 달빛을 반사하면서 소리를 내며 흘러"가는 모습을 보며 말합니다. "내 괴로움과 고통이 파도처럼 저 아래로, (…) 아! 그런데 너는 바다에서 발을 들어 올려 모든 괴로움을 끝내버릴 수 없었구나!"

결국 힘겨운 시기를 넘긴 사람이 주는 위안

2011년 자살에 대한 동기-결단 모형을 처음 발표한 오코너는 2018년에 이 모형에 대한 수정·보완안을 발표하였는데요. 가장 주요한 추가 사항 중 하나는 자살 행동 자체가 자살 사고를 강화할 수도 있다는 것이었습니다. 이는 즉, 자살 사고가 자살 행동에 영향을 미치는 것뿐만 아니라, 그 역도 성립한다는 내용입니다. 즉 일종의 악순환이 일어난다는 것인데, 이런 순환 모형을 보고 있자면 연구자이자 치료자인 저는 어느 순간 무력감을 느낄 때가 있습니다. 증상이 증상을 악화시킨다면 도대체 어디서부터 어떻게 개입해야 하나

싶어 막막해지니까요. 그럴 때 일종의 통찰 내지는 위안을 주는 것은 연구 결과와 논문일 때도 있지만, 그보다는 문학과 삶의 증언일 때가 더 많은 것 같습니다.

『젊은 베르테르의 슬픔』을 쓴 괴테를 보아도 그렇습니다. 작가의 페르소나인 베르테르는 젊은 나이에 자살로 죽지만, 창작자인 괴테는 팔십이 세까지 장수했으니까요. 어떤 사람은 이 사실에서 모종의 배신감을 느끼기도 합니다만, 괴테가 이 소설을 쓴 뒤 일종의 해방감을 느꼈다고 고백한 것을 생각하면 그다지 이상하게 들리지는 않습니다. (사실 책 속에서 작가의 페르소나가 자살하거나 살해당하거나, 여하튼 불행한 죽음을 맞는 사례는 너무 많아서 일일이 다 거론하기 어려울 정도인 반면, 실제 작가들의 삶은 그렇지 않은 경우가 더 많습니다.) 당시 괴테는 이 소설을 씀으로써 고통을 승화했던 것 같습니다.

말년의 괴테가 자신의 작품을 두고 한 말도 재미있는데요. 동료 작가 요한 에커만과의 대화에서 그는 『젊은 베르테르의 슬픔』이 출간된 뒤 그 소설을 거의 읽어보지 않았다고 고백하면서 "나는 그것을 보기만 해도 무서워져. 그것을 낳게 한 병적인 상태를 다시 느끼게 될까 봐 두려워하는 거야"라고 말했다고 합니다. 이는 마치 괴테가 자신의 책에 마음의 격랑을 일으키는 괴물을 가둬두어서 책을 열면 다시 그 괴물이 뛰쳐나올까 봐 두려워하기라도 했던 것 같다는 인상을 줍니다.

여기서 우리는 그가 또다시 과거의 상태로 돌아갈까 봐 두려워했다는 점에 초점을 맞출 수도 있겠지만, 저는 그가 베르테르를 창조하고, 그 안에 그 시기에 경험했던 모든 것을 털어 넣음으로써 한때 그를 괴롭게 했던 것들로부터 풀려났다는 것에 더욱 무게를 두고 싶습니다. 그리고 책 속에 자신을 괴롭히던 것들(그것이 죽음 충동이든, 다른 어떤 광기나 고통이든 간에)을 풀어놓은 뒤, 자신은 그것으로부터 어느 정도 해방되어 삶의 다음 장으로 옮겨간 작가들이 괴테 말고도 많다는 점을 고려한다면, 오스트리아의 작가 에리히 프리트가 말했듯 많은 경우 문학은 "삶을 혐오하여 쓴 것도 사실은 삶을 위해 쓴 것"이며, "죽음을 찬양하여 쓴 것도 사실은 죽음을 이기기 위하여 쓴 것" 같습니다. 그 자신 역시 베르테르 못지않게 자살에 가까이 갔던 사람이 다른 사람의 심금을 울리는 소설을 썼으며, 그 소설을 씀으로써 위기를 넘기고 오래도록 살아갔다는 이야기는 그 나름대로의 방식으로 사람에게 위안이 되어주는 것 같습니다.

2장

자살에 이르게 하는 마음의 질병들

더 이상 자신을 사랑할 수 없다는 우울

_실비아 플래스와 『벨 자』

벨 자, 어떤 우울의 기록

어떤 작가들은 작품보다 삶으로 더 유명한데, 안타깝지만 실비아 플래스(Sylvia Plath, 1932~1963)도 그중 한 사람인 것 같습니다. 그녀의 이름은 위대한 시인을 논하는 자리보다는 자살한 문인을 이야기하는 자리에서 회자될 때가 더 많으며, 실비아 플래스의 작품을 읽어본 적은 없어도 그녀가 오븐에 머리를 집어넣고 가스를 흡입하여 자살했다는 사실만큼은 알고 있는 사람도 제법 많습니다. 그녀가 자살한 방식은 심지어 가끔씩 농담의 소재가 되기도 하는데, 2017년 스페인의 한 패션지는 '실비아 플래스 스타일'이라며 팬츠, 코트, 선글라스 등과 함께 무려 가스 오븐을 선보여 구설수에 오르기도 했지요.

Pantalón con volantes, de Kling (32 €).

Gafas de sol, de Jo&Mr Joe (29,90 €).

SYLVIA PLATH

La poetisa norteamericana escondía su frágil psicología tras una obra literaria compleja y profunda y un estilo austero y de aire intelectual.

Libro para colorear, de Olimpia Zagnoli para A.P.C (11 €).

Laca de uñas, de Barry M (4 € aprox.).

Cojín Ginsberg is GOD, de Bella Freud (179 €).

Bolso de plástico, de Mercules (195 €).

Vela Altar, de Byredo (55 €).

Cocina con tres hornos y encimera de gas, de Smeg (4.340 €).

Mocasines de piel, de Gucci (595 €).

Abrigo de tweed, de Benetton (189 €).

이처럼 그녀의 작품과 삶이 언제나 지나치게 자살이라는 맥락 속에서만 해석된다는 찝찝함을 지울 수 없기에, 실비아 플래스의 삶과 작품, 그녀가 앓았던 우울증을 또 한 번 자살과 연관 지어 설명하려는 지금, 조금 미안한 마음이 들기도 합니다. 다만 실비아 플래스 그 자신이 삶의 여러 순간 자살에 천착했던 작가이며, 그녀의 유일한 소설인 『벨 자The Bell Jar』는 실비아 플래스가 살았던 시대뿐 아니라 21세기를 살아가는 여성들에게도 유효한 어떤 우울의 기록이라는 점을 들어 변명을 해봅니다. 게다가 임상심리학자의 눈으로 보았을 때, 이 소설은 정말 훌륭한 우울증 소설입니다. 물론 실비아 플래스가 이 책을 쓸 때에는 문학 시간에 언급되기를 바랐지, 임상심리학 시간에 언급되기를 바라지는 않았을 테지만, 그렇다고 훌륭한 측면을 발견하고도 그냥 지나치는 것 역시 도리가 아닐 것입니다.

이제부터 시작될 2장에서는 자살과 밀접한 관련이 있다고 알려진 대표적인 정신장애들을 몇 가지 살펴볼 예정이며, 이를 위해 작가의 삶과 작품을 넘나들면서 정신장애와 그들의 작품, 그리고 그 삶이 어떻게 서로 영향을 주고받았는지 탐색할 예정입니다. 이렇게 포착한 그들과 작품의 모습이 비록 완전한 상은 아니겠지만, 적어도 작품을 바라볼 수 있는 또 다른 시선 하나는 제공할 수 있으리라 기대합니다.

"내가 끔찍하게 부족한 사람처럼 느껴졌다"

실비아 플래스의 지인이자 동료 문인이었던 알프레드 알바레즈의 증언을 들어봅시다. 알바레즈는 저서 『자살의 연구』의 첫 장을 실비아 플래스에 대한 이야기에 할애하면서, 아마도 그녀의 자살은 의도된 자살이 아니었을 거라고, 그렇게 생각하기에는 도움을 요청한 흔적이 너무 많이 남아 있다고 말했습니다.

실제로 실비아 플래스는 자신이 고용한 가사 도우미가 집에 도착할 시간이 얼마 남지 않은 가운데 자살을 시도했고, 식탁에는 빨리 의사를 불러달라는 메모를 남겨두었다고 합니다. 이렇게 여러모로 구조되기 위한 장치를 남겨놓고 죽음으로 이어지지 않을 자살을 시도했지만, 여러 가지 우연한 사고가 겹쳐 그만 발견이 늦어져버린 탓에 사망하게 되었다는 것이지요.

알바레즈의 눈에 실비아 플래스의 자살 시도는 진정 죽

고자 하는 몸부림이었다기보다는 '치명적으로 불발된 구조 요청 신호'에 가까운 것으로 비췄던 것 같습니다. 잘 알려져 있듯 실비아 플래스는 거의 강박적이라 할 만큼 죽음에 대한 글을 많이 썼던 시인인데요. 알바레즈는 실비아 플래스가 여러 가지 보호 장치를 마련해놓을 정도로 죽고 싶지 않은 마음이 있었음에도 자살을 시도하는 모순적인 행동을 보인 이유는 첫째로 그녀가 자신의 시들 속에 스스로 불러 모았던 죽음을 추방하고 싶었기 때문이며, 또한 이전의 자살 시도(과거 그녀는 일부러 자동차 핸들을 도로 밖으로 꺾음으로써 자살을 시도한 적도 있었습니다)로부터 어느 정도의 '해방감'을 받았기 때문이라고 추측했습니다. 즉 역설적인 일이지만 다시 한 번 자살을 시도함으로써, 그리고 다시 한 번 살아남으로써 자꾸만 자신을 붙잡는 죽음에서 해방되고자 했다는 것이지요. 이러한 분석은 어디까지나 후일 이루어진 추측이기 때문에 얼마나 타당한 것으로 받아들일지는 읽는 사람의 몫입니다만, 여러 안전 장치를 마련해놓은 상태에서 자살을 시도하는 모순적인 상태에 대한 하나의 가설이 되어줄 수 있을 것 같습니다. (첨언하자면, 마지막 자살 시도 직전에 실비아 플래스는 우울증 증상을 경험하고 있었던 것 같습니다. 자살하기 몇 주 전 그녀는 정신과 의사에게 상담을 요청하는 편지를 보냈고, 실비아 플래스가 사망하고 이틀 정도 뒤에 정신과 의사의 답장이 도착해 있었다고 하는데, 주기적으로 겪던 우울증 증상이 자살 시도에도 영향을 주었을 거라는 추측을 해볼 수 있겠습니다.)

이 사실을 언급하면서 알바레즈는 실비아 플래스의 십 년 전 자살 시도와 그녀를 죽음에 이르게 한 마지막 자살 시도를 비교하는데요. "십 년 전의 자살 시도는 어느 모로 보나 죽도록 심각한 것이었다"고 언급합니다. 비밀리에 치사량의 수면제를 모아왔던 점, 자신의 자살 시도를 아무에게도 알리지 않은 점 등을 그 이유로 들면서, 죽고자 하는 의도 그 자체만 놓고 봤을 때는 과거의 시도가 더 자살 시도에 가까웠다고 평가합니다. 바로 이 십 년 전의 자살 시도로부터 자살로 죽음에 이르기까지 그녀를 거칠게 몰고 갔던 우울증 증상이 상세히 그려져 있는 책이 바로 실비아 플래스가 사망하기 약 한 달 전에 출간된 소설이자, 그녀 생전에 출간된 유일한 소설이기도 한 『벨 자』입니다. 자살로 사망하기 한 달 전에 자신의 과거 자살 시도 내력이 자세히 적힌 자전적 소설이 출간되었다는 것은 운명의 장난처럼 느껴지기도 합니다.

소설 『벨 자』는 에스터 그린우드라는 대학생의 일인칭 시점으로 진행되는데, 시골 출신인 그린우드가 패션 잡지

사의 콘테스트에서 우승하여 한 달간 뉴욕에서 일종의 인턴 생활을 하게 되었을 때와 그 직후 몇 달간의 이야기를 다루고 있습니다. 실제로 실비아 플래스는 대학 재학 중이던 1953년, 인기 패션 잡지였던 〈마드모아젤〉지의 인턴으로 일할 수 있는 기회를 얻어 뉴욕에서 한 달간 생활한 경험이 있지요. 뉴욕 체류 경험부터, 뉴욕에서 돌아온 직후의 우울증, 그리고 자살 시도까지 대부분의 내용이 실제 실비아 플래스가 경험했던 것과 일치하기 때문에 『벨 자』의 에스터 그린우드는 작가가 자신의 모습과 경험을 상당 부분 투영하여 창조한 캐릭터로, 소설의 내용도 상당 부분 자전적인 것으로 보는 게 맞을 것 같습니다.

소설의 내용을 보다 잘 파악하기 위해, 우리는 뉴욕 인턴 생활 당시 갓 스무 살이 된, 젊은 실비아 플래스의 입장을 적극적으로 상상할 필요가 있겠습니다. 지금도 그렇지만 1953년 뉴욕은 모든 사람들이 선망하던 도시였고, 금융과 패션, 문화의 중심지였지요(영화 〈레이디 버드〉 주인공의 말처럼, 뉴욕은 '문화가 있는where culture is' 도시의 상징 아니겠어요). 칙릿chick-lit*의 영원한 고전인 『악마는 프라다를 입는다』를 기억

---

* chick literlature의 줄임말로, 젊은 여성의 삶과 취향을 다룬 문예물을 이릅니다.

하는 사람이라면 뉴욕이라는 곳이 화려한 환상과 패션, 명품과 경쟁, 스캔들이 얼마나 끊임없이 스쳐 지나가는 곳인지 알 수 있을 겁니다. 게다가 실비아 플래스로서는 그때 처음으로 진지한 직업의 세계, 자신이 진출하고자 했던 문학이라는 분야에서 일하고 있는 사람들을 만날 수 있는 드문 기회를 잡은 셈이었습니다. 그러니 그 한 달이라는 기간이 얼마나 특별하게 느껴졌을까요?

외적인 조건만 보면 실비아 플래스에게 뉴욕에서 의미 있는 한 달을 보내는 것은 그다지 어려운 일이 아니었으리라 여겨집니다. 오히려 '꿈의 한 달'에 가깝지요. 당시의 플래스는 어느 모로 보나 또래보다 뛰어난 우등생이었고, 어린 나이에서부터 문학적인 성취를 보이고 있었으니까요. 그런데 기대와는 달리 뉴욕에서 마주한 모든 것은 실비아 플래스, 곧 에스터 그린우드의 바람과 예측을 벗어나고 맙니다. 우선, 뉴욕에 도착하자마자 에스터 그린우드는 뜻하지 않았던 엄청난 열등감과 마주하게 됩니다.

열등감. 이전의 에스터 그린우드였다면 어림도 없는 말이었겠지만, 그녀가 야심을 가지고 도착한 곳이 하필이면 20세기 소비문화의 중심지인 뉴욕이었다는 게 패착이었습니다. 여기서 우리가 함께 이해하고 넘어가야 할 것은, 물론 실비아 플래스가 시인을 꿈꾸며, 문학을 업으로 삼고 싶어 하는 사람이기는 했지만, 화려한 패션이나 미용, 다이어트 등 당시 미국이 거의 프로파간다*처럼 뿌려댔던 '온순한 여성성'에도 매혹되었던 사람이라는 점입니다. 에스터에게도 공부나 문학 분야에서뿐만 아니라 '모든 면에서' 완벽해져 다른 사람에게 인정받는 사람이 되고자 하는 욕망이 있었지요.

에스터는 뉴욕의 또래들은 모두 원피스와 같은 천으로 만든 핸드백을 들어, 옷마다 한 벌인 핸드백이 있다는 사실에 놀랍니다. 에스터가 자신과 함께 선발되어 온 다른 여학생을 보면서 읊조리는 말을 들어봅시다. "내 문제 중에는 도린이 있었던 것 같다. 도린 같은 여자애는 처음 봤다."

에스터가 본 도린은 놀라울 정도로 세련된 여성이었습니다. 심지어 도린은 패션 전공도 아니고 에스터와 마찬가지로 문학 부문에서 선발되어 온 학생이었는데도, 자신과는 비교도 되지 않을 정도의 패션 센스를 가지고 있다는 것이 에스터에게는 굉장한 충격으로 남았습니다. 비단 도린뿐만이 아니었습니다. 뉴욕에는 도린 같은 또래친구들이 얼마든지

---

* 어떤 것의 존재나 효능 또는 주장 따위를 남에게 설명하여 동의를 구하는 일이나 활동. 주로 사상이나 교의 따위의 선전을 이릅니다.

있었습니다.

에스터는 "손톱칠을 하고, 피부를 태우고, 브라질에서 남자들이랑 지내는 것도 따분하다"고 말하는 그런 여자애들이 "메스껍다"면서도, 이런 사람들을 보면 너무 샘이 나서 말도 나오지 않는다고 표현합니다. 또 그녀는 유럽에 한 번도 다녀오지 못했다는 점도 부끄러워하고, 유럽어를 말하지 못한다는 것에도 열등감을 느꼈으며, 자신에게는 문화적 소양이 부족하다는 생각에 괴로워합니다. 시쳇말로 '기가 팍 죽어서' 지내게 된 것이지요. "십구 년간 촌구석에 살면서 잡지 한 권 못 사 볼 만큼 형편없었던 여자"가 성취한 것들이, 뉴욕의 불빛 아래서는 그다지 찬란해 보이지 않았던 겁니다. 에스터는 뉴욕에서 보낸 그해 여름에 대해 "대학에 다니며 행복하게 차곡차곡 거둔 성공들이, 매디슨가의 매끈한 대리석과 통유리 현관 밖에서는 아무것도 아니었다"고 평가합니다. 결국, 다른 사람이 미래 계획을 물을 때마다 학자금을 지원받아 유럽에서 공부하거나 시에 대한 책을 쓰며 편집자가 될 거라는 등 여러 가지 계획을 이야기하던 에스터 그린우드는, 자신을 부른 패션 잡지사 편집장이 앞으로 무엇을 하고 싶으냐고 묻자 "정말 모르겠어요"라고 대답하고 맙니다.

종합해보면, 에스터 그린우드, 즉 실비아 플래스에게 뉴욕이란, 새로운 기회의 장이 아니라, 새로운 평가의 장이었던 것 같습니다. 게다가 이전의 에스터가 문학이라는 한 가지 종목에서 경기하는 선수였다면, 지금의 에스터는 패션, 연애, 여행, 교양 등 많은 영역에서 한꺼번에 경쟁을 시작하게 되었지요. 그리고 그 모든 영역에서 에스터는 자신이 그다지 잘하고 있지 않다고 평가합니다. 급기야 뉴욕 체류 후반부에는 이렇게 말하기까지 하죠. "내가 끔찍하게 부족한 사람처럼 느껴졌다. 지금까지 늘 부족했는데 그런 생각을 해본 적이 없다는 게 문제였다. (…) 경마장이 아닌 거리에 던져진 경주마가 된 기분이었다. 대학 우승자인 풋볼 선수가 양복 차림으로 월 스트리트와 마주 선 느낌과 비슷했다."

'내가 부족한 사람일까?' 하고 걱정하는 수준도 아니고, 지금까지 늘 부족했는데 그런 생각을 해본 적이 없다는 게 문제라고 생각하다니요. 스스로가 어딘가 부족하다는 생각이 매우 견고해져 있어, 이 생각을 비집고 들어가기가 아주 어려울 것 같습니다. 만약 상담 중 이런 말을 하는 사람을 만나게 되었다면, 어떤 상담자라도 우울증 가능성이 있지는 않은지 고민하게 될 것 같습니다. 물론 이 한 가지만 가지고 섣불리 결론을 내리면 안 되겠지만, 이후에도 에스터의 우울증 가능성을 더더욱 심각하게 고려하게 만드는 일련의 증상들이 계속해서 이어집니다.

인턴십이 끝나고 집에 돌아온 뒤, 상황은 더욱더 악화 일로를 걷게 됩니다. 에스터 그린우드가 힘든 뉴욕 생활을 견디는 와중에 그나마 스스로를 위로했던 것은 여름에 듣게 될 글쓰기 수업이었는데, 그 수업에 떨어졌다는 사실을 알게 된 것이지요. 그 수업은 유명 작가의 강좌로, 수업을 들을 자격이 있다고 인정받은 학생들만 수강할 수 있는 강좌였습니다. 에스터는 분명 자신은 합격할 거라고 자신했는데, 그만 거기에서도 떨어진 것입니다. 그래도 나에게는 문학적 재능이 있다며 스스로를 위로하려 했던 에스터인데 말입니다.

이 사건은 에스터에게 컵 속의 물을 넘치게 한 마지막 한 방울과도 같았습니다. 이후로 에스터는 어떤 일에도 집중하기 어려워졌고, 단 두 줄의 글을 쓰는 데도 오랜 시간이 걸리게 되었으며, 심지어는 글을 읽는 것도 거의 불가능하게 되었습니다(우울증의 증상이라 볼 수 있는 사고력, 집중력 저하와 '정신운동지체' 증상입니다). "뭘 하겠다고 작정하기가 점점 힘들어져"(사소한 결정도 내리기 어려워하는 우유부단함도 대표적인 우울증 증상입니다) 짐가방 하나를 챙기려고 해도 온갖 옷을 꺼내서 늘어놓는 것만 간신히 할 수 있을 뿐 그다음 단계로 나아가지 못하지요. 무기력증과 수면장애도 너무 심해져, 삼 주 동안 머리도 감지 못하고, 일주일가량 제대로 잠도 자지 못하는 상태가 됩니다.

　결국 에스터의 상태를 염려한 의사가 정신과 의사를 소개해주지만, 에스터는 어쩐지 얄팍하고 그저 사람 좋아 보이기만 한 그 의사가 마음에 들지 않습니다. 에스터는 예민해질 대로 예민해져, "뭐가 잘못됐다고 생각하는지 말해보도록 해요"라는 의사의 말도 실제로는 잘못된 게 없는데 저 의사가 내가 잘못됐다고 여기는 것뿐이라고 받아들이기도 합니다. 하지만 의사는 그런 에스터의 상태를 제대로 알아차리지 못했고, 결국 처음부터 좋지 않았던 의사와 환자의 관계는 어그러질 대로 어그러져, 에스터는 치료를 그만두게 됩니다. 설상가상으로 보호자인 어머니조차 병원에 입원해 있는 다른 환자들을 만나보고는 내 딸은 저런 사람이 아니라며 치료를 그만두겠다는 딸의 결정을 만류하기는커녕 오히려 만족감을 표현하지요.

　이제 에스터는 이전보다 더 자주 자살을 생각하고, 자살에 대해 한층 진지한 태도로 임하기 시작합니다. 어떻게 하면 정말로 죽을 수 있을지 구체적으로 고민하며, '연습 삼아' 커터칼로 다리를 그어보고 목을 매달아보기도 하지요. 앞서 언급했던 자살에 대한 이론 중 어떤 것으로 분석한다

하더라도 지금의 에스터가 혼자 두어서는 안 될 정도로 위험한 상태라는 것이 너무나 분명해 보입니다. 결국 에스터는 산책을 다녀오겠다는 메모를 남기고 지하실에 숨어, 모아두었던 수면제를 한꺼번에 복용함으로써 자살을 시도합니다.

자살과 우울의 관계

당연한 말이기는 하지만, 자살을 시도하는 모든 이들이 우울증을 앓고 있는 것은 아니며, 또 자살 위험도가 높지 않은 우울증 환자도 많습니다. 그럼에도 불구하고 많은 사람들이 흔히 자살을 우울증과 연관 지어 생각하는데, 여기에는 그래도 그럴 만한 변명거리가 있습니다. 세계보건기구WHO; World Health Organization에서 발표한 데이터를 분석한 결과, 자살로 사망한 사람의 대략 구십 퍼센트가량은 사망 시점에 하나 혹은 그 이상의 정신장애를 가지고 있었다고 합니다[*]. 또한 미국 자살 학회American Association of Suicidology에서도 우울증

---

[*]   Bertolote, J. M., & Fleischmann, A., *Suicide and psychiatric diagnosis: a worldwide perspective*, World Psychiatry 1(3), 2002, pp.181.

이 자살과 가장 관련 깊은 정신장애 중 하나이며, 전체 자살 사망자 중 약 절반가량이 우울증을 앓고 있었다고 발표한 바 있습니다.

이번엔 한국의 경우를 한번 살펴볼까요? 2016년 중앙심리부검센터가 발표한 자료에 따르면, 자살로 사망한 사람들을 그 특성에 따라 총 세 가지 집단으로 분류할 수 있었다고 합니다. 그중 가장 많은 비율(전체의 약 삼십이 퍼센트)을 차지한 것은 바로 '우울증 미치료군neglected depression'으로, 평소 우울증을 앓고 있었지만 사망 직전까지 적절한 치료를 받지 못했던 사람들입니다. 이 집단이 충동적인 알코올 사용 이력이 없는 거의 순수한 기분장애군이라는 것을 고려한다면, 이것은 상당히 놀라운 수치입니다. 왜냐하면 다른 두 집단인 문제음주군(가장 두드러지는 특징이 문제적인 음주인 집단)이나 정신 건강-경제 문제 동반군(자살자들 중 심각한 경제적 곤란과 정신적인 문제가 공존했던 경우)에도 우울증이 동반된 사람이 상당수 존재할 것이라 생각되기 때문입니다. 음주문제나 경제적 문제를 가지고 있던 사람들을 제외하고 순전히 기분장애만 앓고 있던 사람들만 모아 보아도 여전히 그 집단이 자살자 내에서 가장 높은 비중을 차지한다는 것은, 우울증이 얼마나 자살과 깊게 연관되어 있으며, 얼마나 주의를 기울여야 할 문제인지 단적으로 보여주는 예라 하겠습니다.

이런 딱딱한 통계치를 들먹이지 않더라도, 우리는 우울증을 앓다가 자살한 유명인들의 이름을 쉽게 떠올릴 수 있지요. 또 예술가들은 다른 직업을 가진 사람들에 비해 더 많은 우울 경향을 보이기도 하는데, 실제로 예술사에서는 우울증으로 사망한 예술가들의 이름이 여기저기서 관찰됩니다. 실비아 플래스도 우울증에 시달렸던 사람 중 하나인 것으로 보입니다. 『벨 자』가 실비아 플래스의 경험을 거의 그대로 담았다는 전제하에, 우리는 그녀가 적어도 뉴욕 체류 시기 후반부터 우울증을 앓기 시작했다는 것을 알 수 있고, 우울증 이후 자살 사고를 모호한 것에서부터 구체적인 것으로 발전시켜나갔다는 것을 알 수 있습니다. 처음에는 자살에 대해서 생각하다가, 자살을 연습해보고, 충동적으로 시도해보았다가, 그다음에는 잘 준비된 계획적인 자살 행동으로 나아가지요. 그러니, 자살하는 사람 모두가 우울증을 가지고 있는 것은 아니며, 우울증이 있다고 해서 모두 자살을 생각하는 것은 아니라 할지라도, 적어도 실비아 플래스에게 나타난 일련의 자살 사고와 자살 행동은 우울증의 증상 중 하나라고 생각해볼 수 있을 것 같습니다.

친구인 알바레즈가 지적했듯 그녀의 첫 자살 시도는

매우 위험성 높은 것이었고, 그 시점에 실비아 플래스는 스스로의 목숨을 끊기 위해 최선을 다한 것으로 보입니다. 다행히 그때는 너무 늦지 않게 발견되어 위기를 넘겼습니다만, 그로부터 약 십 년 뒤 실비아 플래스는 결국 자살로 사망하게 됩니다. 그렇다면 우리는 실비아 플래스의 삶에 대해 어떻게 생각하면 좋을까요? 실비아 플래스에게는 심각한 우울 경향이 있었으며, 열심히 맞서 싸웠지만 '결국' 이 우울증에 패배하고 말았다고 평가해야 할까요? 또 더 나아가 우울증은 이렇게 무서운 질병이니 되도록이면 걸리지 않는 편이 좋다고 이야기해야 할까요?

물론 한 사람이 스스로 선택한 죽음의 방식에 아예 주의를 기울이지 않는 것도 부당하겠습니다만, 마지막 죽음의 순간만을 주안점으로 두고 그것으로 한 사람의 삶을 평가하는 것 역시 몹시 부당한 일인 것 같습니다. 지금 저도 실비아 플래스의 우울증과 그녀의 자살에 대한 글을 쓰고 있습니다만, 그럼에도 그녀의 삶에 대해 "결국 자살로 사망했다"고 쓰고 온점을 찍음으로써 글을 맺어서는 안 됩니다. 실비아 플래스가 사망한 후로 오십 년 이상 지난 시점을 살고 있는 우리는, 그녀가 첫 번째 자살 시도 이후 어느 정도는 증상이 회복되었던 바 있으며, 작품 활동을 지속했다는 것도 알고 있습니다. 그 결과 수많은 뛰어난 시와 『벨 자』가 세상에 나왔지요. 그녀는 스스로에게 십여 년이라는 시간을 벌어주었고, 그 시간 동안 분명히 의미 있는 일들이 많이 일어났습니다.

그러니까 인생이 어떻게 끝나든 간에 그전에 되도록 의미 있는 시간을 많이 가질 수 있도록 해주는 것, 그것이 '치료'의 가장 큰 의미이자 역할 중 하나일 것이라고 생각합니다.

"나는 살아 있다, 나는 살아 있다, 나는 살아 있다"

자살을 시도한 뒤 의식을 잃은 에스터 그린우드(그러니까 곧 실비아 플래스)는 정신과 병동에서 깨어납니다. 그리고 우여곡절을 거쳐 새로운 주치의 닥터 놀란을 만나게 되고, 여러 가지 치료를 받게 되지요. 그때 받았던 치료와 자신의 노력으로 실비아 플래스는 인생의 다음 한 주기를 우울이라는 감정으로부터 비교적 자유로운 상태에서 살아가게 됩니다.

다만 실비아 플래스가 입원한 것은 1950년대 초반으로, 항우울제가 발명되기 전이었습니다. 그래서 그녀가 받았던 치료는 현대의 우울증 치료와는 상당히 다르며, 그중에는 그 시절부터 지금까지 전 세계 병원에서 꾸준히 사용되고 있는 장

수(?) 치료법도 있지만, 현대적인 관점에서 보기에는 너무 위험한 것도 있지요. 그중 하나로 그녀는 인슐린 쇼크·혼수 치료법insulin shock/coma therapy을 받았는데요. 인슐린 쇼크 치료법이란 인슐린을 다량 주입하여 최대 수 시간 동안의 코마 상태를 유도한 뒤, 다시 포도당을 주사하여 환자를 깨우는 방식의 치료를 말합니다. 이 치료를 개발한 독일 의사 만프레드 사켈은 수 주 동안 인슐린 쇼크 치료를 받은 환자의 약 팔십 퍼센트가량이 증상 호전을 보였다고 보고했습니다. 다만 이런 식으로 코마를 유도하는 것은 위험하기도 하고, 비용이 너무 많이 든다는 문제도 있어 전기충격치료와 항우울제가 등장한 뒤에는 거의 사라졌다고 합니다.

그녀가 받았던 또 다른 치료는 전기충격치료electro-convulsive therapy, ECT입니다. 전기충격치료는 1938년 개발된 이후 우울증 및 조현병을 비롯한 각종 정신 질환에서 그 효과를 인정받아 현대까지 장수하고 있는 치료법 중 하나입니다. 특히 약을 먹어도 잘 호전되지 않는 심한 우울증 증상에 효과가 있으며, 여러 가지 사정으로 인해 약물치료를 선택할 수 없을 때(가령 환자가 임신 중인 경우)에도 받을 수 있다는 점에서, 좋은 치료 선택지 중 하나라고 할 수 있겠습니다.

다만, 그 무시무시한(?) 이름 때문에 어떤 분들은 '전기

충격치료'라는 이름을 들었을 때 인권침해적이라고까지 생각하실 수도 있을 것 같습니다. 아무래도 그 이름에서부터 본능적인 거부감이 드니까요. 생각해보면 아무리 치료 목적이라고 해도 사람에게 전기 충격을 가한다는 발상을 금방 호의적으로 받아들이라는 것은 좀 무리한 요구인 것 같습니다. 더구나 시간이 지나면서 대부분 회복되기는 하지만, 단기적 기억 상실을 비롯하여 ECT 시행 직후에 겪게 되는 여러 가지 부작용이 있으니, 아무래도 가벼운 마음으로 권하기에는 조금 무리가 있는 치료인 듯합니다. 여기에 더해, ECT를 무섭고 부당한(?) 치료로 그린 1960년대 소설(영화로도 만들어졌습니다)『뻐꾸기 둥지 위로 날아간 새』가 히트를 치면서 전기충격치료에 대한 대중적인 거부감은 더욱 심해졌습니다.

실비아 플래스의 경우 안타깝지만 첫 ECT 경험은 그다지 좋은 기억으로 남지 못했던 듯합니다. 에스터의 첫 번째 주치의였던 고든 박사가 시행한 ECT를, 실비아 플래스는 다음과 같이 묘사하지요. "타다다다다다닥, 날카로운 소리가 났다. 공중에 파란빛이 번쩍거렸고, 그때마다 몸이 홱홱 젖혀져서 뼈가 으스러질 것 같았다. 잘린 식물처럼 몸에서 수액이 다 빠져나간 것 같았다. 내가 무슨 짓을 저질렀다고 이러나."

아무리 효과가 좋다고 해도 솔직히 이런 치료라면 그다

지 받고 싶지 않을 것 같습니다. 에스터가 이러한 경험을 두 번째 주치의인 놀란 박사에게 이야기하면서 다시는 충격요법을 받고 싶지 않다고 하자, 그는 매우 안타까워하며 전기충격치료가 제대로 작동하면 잠에 빠지는 듯한 기분이 드는데, 어딘가 잘못되었던 것 같다고 이야기하고는, 이 병원에서는 절대 전기충격치료를 쓰지 않겠다고 약속합니다. 그러나 다른 치료가 듣지 않았던 걸까요, 얼마 뒤 에스터는 다시 한 번 전기충격치료를 받게 됩니다. 하지만 이번에는 놀란 박사가 치료실까지 에스터와 동행하고, 가는 동안 여러 차례 손을 잡아주었으며, 에스터가 깨어날 때까지 같이 있어주겠다고 약속하기까지 합니다. 이쯤 되면 예상하실 수 있겠지만 놀란 박사의 말처럼 '잠이 드는' 느낌과 함께 마무리된 에스터의 두 번째 ECT는 성공적이었으며, 이후로 그녀는 일주일에 세 번씩 ECT 치료를 받게 됩니다.

다행히 치료가 효과가 있었는지, 에스터는 얼마 지나지 않아 병원에서 퇴원할 수 있을 정도로 회복됩니다. 효과가 있었던 것은 다행이지만, 1950년대였기에 미처 받지 못한 치료도 있었다는 것을 생각하면 안타깝지요. 대표적인 것으로 우울증에 대한 약물치료가 있겠습니다. 지금이야 우울증을 약으로 치료할 수 있다는 것이 당연한 상식이지만, 에스터가 치료받을 당시에는 마땅한 우울증약이 없었고, 우울증 약들은 1950년대 말에야 개발, 사용되기 시작했습니다. 대표적인 예로 삼환계 항우울제인 이미프라민Imipramine이 개발된 것은 1958년이며, 선택적 세로토닌 재흡수 억제제(selective serotonine reuptake inhibitor, SSRI; 가장 대표적인 상품으로 프로작이 있음)가 출시된 것은 무려 1970년대 후반입니다.

약물치료에 사용되는 약물의 작용 기전과 종류, 그리고 효과성에 대해서 자세히 설명하는 것은 저의 전공 범위를 넘어서는 것이기에 약물치료의 효과에 대해 간단하게 언급만 하고 넘어가도록 하겠습니다. 우선, 당연한 이야기지만 우울증에 대한 약물치료는 정말로 효과가 있습니다. 2018년 출간된 메타 연구 결과에 따르면, 총 21개의 우울증 약물에 대해 치료 효과를 분석한 결과 모든 우울증 약물이 플라시보 약보다 효과가 좋았다고 하며, 대부분의 약이 중간 이상의 효과 크기를 나타냈다고 합니다.[*] 다만, 모든 우울증을 약물로 백 퍼센트 치료할 수는 없다는 점도 짚고 넘어가야 할 것 같

[*]   Cipriani, A., Furukawa, T. A., Salanti, G., Chaimani, A., Atkinson, L. Z., Ogawa, Y., Higgins, J. P., *Comparative efficacy and acceptability of 21 antidepressant drugs for the acute treatment of adults with major depressive disorder: a systematic review and network meta-analysis*, Focus 16(4), 2018, pp.420-pp.429.

습니다. 이처럼 항우울제에 잘 반응하지 않는 우울증을 치료 저항적 우울증이라고 부르는데, 증상의 심각도나 개인적 특성, 발병 원인 등에 따라 다르기는 하지만, 십에서 삼십 퍼센트 정도의 우울증은 일반적인 항우울제로는 잘 치료되지 않는다고 합니다.* 이 경우에는 다른 치료 선택지를 고려해봐야 하겠지요.

에스터가 너무 일찍 태어나는 바람에 받을 수 없었던 치료 중 또 다른 하나는 심리치료입니다. 우울증에 효과가 있다고 알려진 심리치료는 대인관계치료나 행동활성화치료 등을 비롯하여 수십 가지 이상입니다만, 이 대목에서는 미국의 정신과 의사인 아론 벡(Aaron Beck, 1921~)이 개발한 인지(행동)치료에 초점을 맞추어 보겠습니다.

인지행동치료의 창시자인 아론 벡은 사실 본래 정신분석 분야에 대해 훈련받은 정신과 의사였습니다. 그가 한참 젊은 의사로서 활동하던 당시, 정신의학계의 '대세'가 정신분석이었기 때문이지요. 하지만 정신분석의로 활동하던 아론 벡은 정신분석에 대해 몇 가지 아쉬움을 가지게 됩니다. 먼

---

*   Al-Harbi, K. S., *Treatment-resistant depression: therapeutic trends, challenges, and future directions*, Patient preference and adherence 6, 2012, pp.369.

저 그가 보기에 정신분석은 환자의 현재 문제보다는 과거에 초점을 맞추는 경향이 있었습니다. 또 정신분석치료를 통해 효과를 보기 위해서는 많은 시간과 비용이 필요했으며, 정신분석을 오래 받는다 해도 치료 효과를 보지 못하는 환자가 많아 보였지요. 이러한 아쉬움으로 인해 그는 자신이 오랫동안 훈련받아온 정신분석 분야를 과감히 떠나, 우울증에 대한 인지 매개 가설을 세우고, 인지치료를 개발하게 됩니다. 후일 인지치료는 행동주의를 받아들여 '인지행동치료'로 정착하게 되었습니다. 인지행동치료는 우울증 치료에 있어 약물치료와 대등한 정도의 효과가 있다고 알려져 있으며, 약물치료에 비해 재발 방지 효과가 높은 것으로 알려져 있습니다.[*]

앞서 인지행동치료의 기본 가정이 인지 매개 가설이라고 말씀드렸는데요, 이는 쉽게 말해 인지행동치료가 '우리의 반응은 어떤 외적인 사건 자체보다는 우리가 사건을 어떻게 지각하느냐에 따라 달라진다'는 가정하에 출발한다는 것입니다. 즉, 예를 들어 어떤 사람이 시험에서 백 점 만점에 삼십 점을 받았다고 할 때, 삼십 점을 받았다는 사실 자체보다

---

[*] Driessen, E., & Hollon, S. D., *Cognitive behavioral therapy for mood disorders: efficacy, moderators and mediators*, Psychiatric Clinics 33(3), 2010, pp.537-pp.555.

는 그것을 "나는 역시 형편없어. 공부로는 영 글러먹었어"라고 받아들이는지, "이번에는 운이 나빴어! 다음에는 더 잘볼 수 있을 거야"라고 받아들이는지에 따라 그가 그 사건에 대해 느끼는 기분과 이후의 행동이 좌우된다는 것이지요. 상시 부정적인 기분을 느끼고 있는 사람의 경우 기본적으로 인지 도식이 부정적이고, 이것이 잘 바뀌지 않을(경직되어 있을) 가능성이 높습니다. 이러한 종류의 부정적 인지는 대부분의 경우 본인에게조차 잘 인식되지 않다가 어떤 사건이 생기면 자동적으로 발생하는 것이기 때문에 인지행동치료자들은 이것을 '자동적 사고'라고 부릅니다. 다만 꾸준히 연습하면 부정적 사고의 '패턴'을 감지할 수 있고, 그것을 다른 대안적인 생각으로 바꾸어가면서 기분과 행동 변화를 이루어낼 수 있다는 것이지요.

우울증과 자살이 워낙 관련되어 있다 보니, 인지행동치료의 이론가들은 자살에 대해서도 많은 연구를 했습니다. 인지행동치료의 관점에서 자살을 이해하는 데 필요한 여러 가지 중요한 개념들이 있습니다만, 그중 가장 중요한 것은 절망 혹은 무망감hopelessness인 것 같습니다. 이는 말 그대로 미래에 대한 희망이 없음을 뜻하는데요. "나는 절대로 행복해질 수 없어" "상황은 절대 나아지지 않을 거야" "이제 난 끝

103

났어"와 같은 생각들이 무망감을 드러내는 대표적인 생각들이라 할 수 있겠습니다.

1985년에 발표된 무망감에 대한 대표적인 연구 하나를 소개하고 싶은데요. 자살 사고로 인해 입원 치료를 받았던 환자 이백칠 명을 무려 십 년이나 추적 조사한 연구입니다. 이 기간 동안 이 중 총 열네 명이 자살했다고 하는데요. 입원 당시 수집한 자료를 분석해보니, 환자의 절망과 비관주의 정도, 후일 그의 자살 여부 사이에 유의한 상관관계가 발견되었다고 합니다. 그러니 절망은 자살의 매우 강력한 위험 요인이라 볼 수 있겠지요. 『벨 자』의 에스터의 경우에도 예외는 아니어서, 우울증 증상이 심해질수록 무망감을 더욱 직설적으로 표현하는 모습을 볼 수 있습니다. "내 경우에는 치료가 불가능하다는 게 문제였다. (…) 책에 나온 내용과 내 증상을 비교해보니, 나는 가장 가망 없는 경우와 맞아떨어졌다. (…) 매일 엄마와 남동생, 친구들이 내 회복을 기원하며 문병을 오겠지. 그러다가 오는 횟수가 뜸해질 테고, 다들 희망을 접을 거야."

자신의 병증은 치료가 불가능하며, 친구들과 가족들이 틀림없이 자신을 버릴 것이라는 전망은 미래에 대한 절망과 무망감으로 볼 수 있겠지요. 그런데 역설적인 말입니다만, 우울증이 절대 낫지 않으리라는 비관적인 전망도 우울증에서 매우 흔하게 관찰되는 증상 중 하나입니다.『벨 자』의 작가인 실비아 플래스 역시 절대 나을 수 없을 것 같은 매우 심한 우울증을 겪었지만, 한때 그 시기로부터 무사히 빠져나오는 데 성공했었지요.

어떻게 사랑을 되찾을 것인가

뛰어난 작가이자 심리학자이며 우울증 환자인 앤드류 솔로몬은 저서인『한낮의 우울』을 이런 문장으로 시작합니다. "우울은 사랑이 지닌 결함이다. 사랑하기 위해서는 자신이 잃은 것에 대해 절망할 줄 아는 존재가 되어야 한다. 우울은 그 절망의 심리기제이다." 그리고 이어 이렇게 말합니다. 사랑은 이따금 우리를 저버리기도 하는데, 그럴 때 우울증에 빠지게 된다고요. 또 약물치료와 심리치료는 우리가 더 쉽게 사랑하고 사랑받을 수 있도록 보호 기능을 되살려주는 효과를 발휘하는 것이라고요. 좀 낭만적인 표현입니다만, 이런 측면에서 보면 에스터가 우울에 빠졌던 근본적인 원인도 결국 사랑이었던 것 같습니다. 에스터는 여러 가지 사건들로 인해 자신과 타인을 더 이상 사랑할 수 없게 되면서 걷잡을 수 없는 우울로 빠져들었으니까요.

『벨 자』는 에스터가 퇴원하면서 끝이 나고, 이 시점의 그녀가 얼마나 자신과 타인을 다시 사랑할 수 있게 되었는지는 명확하게 제시해주지 않고 있습니다. 다만 앞서 이야기했던 것처럼 작가인 실비아 플래스에게는 퇴원한 이후 십 년이라는 시간이 더 주어졌으며, 그동안 여러 편의 작품을 써냈고, 결혼도 하고 출산도 했으며, 많은 동료를 만났습니다. 이정도면 (적어도 한때나마) 에스터도 사랑을 되찾았으리라고 말해볼 수 있겠네요.

그런데 우울이 사랑의 유일한 결함인 것은 아닙니다. 여기에서 말하는 '사랑'이 나와 남에 대한 사랑을 모두 포함하는 아주 포괄적인 개념이라고 본다면, 우울증은 사랑이 지닌 결함 중 아주 일부분만을 설명해준다고 할 수 있겠지요.

뒤에 나올 소설들 속에서 우리는 사랑의 다른 결함들을 만나보게 될 것이고, 그것들이 어떻게 자살과 연관되어 있는지 살펴볼 것입니다. 그리고 만약 가능하다면, 어떻게 하면 그 사랑을 되찾을 수 있을지, 어떻게 하면 더 쉽게 사랑하고 사랑받을 수 있을지도 함께 고민해보면 좋겠습니다.

삶을 선택하기와 내려놓기, 그 갈림길에서
_버지니아 울프와 『댈러웨이 부인』

불길에 닿아, 버지니아 울프

문학을 전공하면서 얻은 몇 안 되는 기술 중에 '책 안 읽고 읽은 척하기'가 있습니다. 물론 깊게 들어가면 금방 들통나기 십상이긴 합니다만, 어떤 유명한 책에 대해 잠깐 아는 척해야 할 때는 상당히 유용한 기술이었지요. 고백하자면, 제게는 버지니아 울프의 『자기만의 방』도 '안 읽고 아는 척하는 책들' 중 한 권이었습니다. 변명같이 들리겠지만, 전혀 안 읽었던 것은 아니고, 일인칭 화자가 도서관을 여기저기 거닐거나 셰익스피어의 여동생을 상상해보는 부분까지는 읽었습니다. 다만 당시에는 그런 가정들이 참을 수 없이 지루하다고 여긴 데다(없는 여동생을 상상해서 뭐 하는지) 버지니아 울프 본인의 글보다는 그 글을 읽고 쓴 현대 페미니스트들의 글을 더 흥미롭게 느꼈기에 원문을 끝까지 충실히 읽지는 않았던 거지요.

제가 버지니아 울프에게 진지한 호기심을 가지게 된 계기는 조금 엉뚱한데요. 다양한 정신병리에 대해 배우는 이상심리학 수업에서 그녀의 이름이 언급되었기 때문입니다. 많은 이상심리학 교과서들이 '양극성 장애*' 장에서 조울증과 예술적 창의성의 관계에 대해 다룹니다. 그만큼 양극성 장애와 소위 '예술적 기질'이 많은 연관을 보이기 때문인데, 그 사례로 언급되는 가장 대표적인 예술가 중 한 명이 바로 버지니아 울프입니다. 기실 예술적 기질과 정신장애 사이의 연관성은 아주 오래전부터 철학자들의 관심사가 되어왔는데, 아리스토텔레스도 "철학, 시, 예술에 뛰어난 사람들은 어째서 멜랑콜릭한가?"라는 질문을 던졌던 바 있습니다. 심리학과 정신의학 분야에서도 많은 사람들이 같은 호기심을 품고 연구에 뛰어들었는데, 저에게는 예술가 중에서도 작가들만을 대상으로 실시한 연구들이 특히 흥미롭게 느껴집니다. 영문학과 정신의학을 모두 전공한 안드레아슨이라는 사람의 연

---

* 스스로 제어할 수 없는 조증 상태와 울증 상태를 오가는 증상이 반복적으로 나타나는 기분장애. 조울증이라고도 합니다.

구 결과에 따르면 작가 직업군에 종사하는 사람으로서 연구에 참여한 이들 중 약 팔십 퍼센트가 살면서 한 번 이상 정서장애(흔히 말하는 우울증과 조울증을 포괄적으로 일컫습니다)를 경험하였다고 합니다.[*] 반면 대조군인 비작가 직업군에서는 이러한 비율이 삼십 퍼센트 정도였다고 하니, 굉장히 큰 차이지요.

정신장애와 예술적 기질이라는 주제에 대해서라면 케이 레드필드 재미슨(Kay Redfield Jamison, 1946~) 이야기도 빼놓아서는 안 됩니다. 임상심리학자이자 양극성 장애 연구에 있어 세계적 석학인 그녀는 『불길에 닿아*Touched with fire*』라는 책을 저술했는데, 양극성 장애와 예술가적 기질에 대한 여러 가설들을 정리하고 연구 결과를 꼼꼼하게 밝혀둔 이 책은 이 분야에 관심 있는 사람이라면 누구나 알 만한 유명한 책이 되었지요. 그녀의 연구 결과에 따르면, 시인들은 다른 사람들에 비해 양극성 장애를 갖고 있을 확률이 높으며, 정신질환으로 인해 나타나는 특정 사고 양상이 창의성에 영향을 줄 가능성이 있다고 합니다.[**]

---

[*]   Andreasen, N. C., *Creativity and mental illness: Prevalence rates in writers and their first-degree relatives*, Eminent creativity, everyday creativity, and health, 1997, pp.7-pp.18.

[**]   Jamison, K. R, *Touched with fire*, Simon and Schuster, 1996.

안드레아슨과 재미슨이라면 분명 버지니아 울프에게도 관심을 가졌을 것입니다. 버지니아 울프는 정신장애를 가지고 있었던 예술가일 뿐 아니라 자신이 경험한 증상을 하나의 스타일로 승화시킴으로써 '의식의 흐름'이라는 새로운 문학 기법이 탄생하는 데 기여했다는 평가도 받고 있으니까요. 그러니 여기서는 '모더니스트' '페미니스트' '블룸즈버리 그룹 회원' 등 그녀를 수식하는 다른 여러 가지 말들은 일단 미뤄두고, 양극성 장애를 앓았던 사람으로서의 그녀를 돌아보았으면 합니다. 그리고 어떻게 그녀가 양극성 장애로 힘겨워하면서도 꽤 오랜 시간 동안 증상과 함께 살아나갈 수 있었는지, 또 그녀가 겪었던 증상들이 나중에는 어떻게 자살에 영향을 주었는지에 대해서 함께 들여다보고 싶습니다.

양극성 장애란 무엇인가

앞서 우울증이라는 질환에 대해서는 별다른 설명을 덧붙이지 않았습니다만, 양극성 장애(조울증)는 여러모로 복잡한 부분이 있어 설명이 필요할 것 같습니다. 하루에도 여러 번 기분이 바뀌는, 감정 기복이 큰 상태를 일컬어 양극성 장애라고 부르는 사람도 있습니다만, 엄밀히 말하면 그것은 양극성 장애가 아닙니다. 아주 간단히 말하면 양극성 장애란 (경)조증과 우울증이 번갈아가며 나타나는 질환을 말합니다. 비정상적일 정도로 들뜨고 즐거운 기분(혹은 과민하고 짜증스러운 기분), 에너지 수준 및 활동량 증가가 나타나는 것이 조증 상태인데, 조증 상태는 그 사람의 평소 상태와 확연히 다른 양상으로 나타납니다. 그래서 평소와는 다른 어떤 것이 '끼어 들어갔다'는 의미로, 이런 증상이 있는 기간을 '삽화'라고 부르지요.

조증 상태일 때는 에너지가 충분하다 못해 흘러넘치다 보니 밤에 잠을 자는 시간이 확연히 줄어드는 경우가 많으며, 끊임없이 말하거나 과음·과소비를 하는 등 쾌락을 추구하는 활동에 지나치게 몰두하기도 합니다. 또한 비정상적으로 자신만만해져 전혀 근거 없는 자신감을 보이기도 하는데요. 조증 상태가 되면 지금까지 습작 한 번 써본 적 없는 사람도 갑자기 자신은 위대한 작가가 될 수 있다며 밤을 새워서 글을 쓰는 일이 생기게 될 수도 있습니다. 심한 경우, 정신증적 증상, 즉 환각(환청, 환촉, 환시 등)과 망상 등을 경험하기도 합니다. 이처럼 들뜨거나 과민한 기분이 그 자체만으로도 일상생활에 중대한 지장을 주거나, 자해 또는 가해 위험이 커져 입원이 필요한 수준이 되었거나, 기분문제와 함께 정신증적 증상이 나타나는 경우 이를 '조증'이라 부르고, 한 번 이상의 조증 증상이 있었을 경우 이를 제1형 양극성 장애라고 합니다.

조증 삽화의 전형적인 예로 정신건강의학과 입원실에서의 일화를 그린 만화 『정신병동에도 아침이 와요』에 나오는 오리나 씨의 이야기를 소개하고 싶습니다. (비록 실제 인물·사건과 관련 있는 만화인 것은 아니나, 진짜 이런 환자가 있었다고 해도 믿을 정도로 굉장히 사실적으로 묘사하고 있습니다.) 오리나 씨는 제1형 양극성 장애의 조증 삽화로 병동에 입원해 있는 상태입니다. 만화 초반부에 소개되는 그녀의 증상은 누가 말해주지 않아도 "이건 명백한 조증 삽화다!"라고 생각할 수 있을 정도로 전형적인 조증 환자의 모습입니다. 입원 당시 그녀는 맥락 없이 신이 나서 춤을 추고 있었는데, 너무 중증인 나머지 춤을 추다가 소변을 흘릴 정도로 자기 관리 능력이 떨어져 있었지요.

어머니의 말씀을 듣자 하니, 그녀는 입원 직전 술집에서 천만 원 이상을 긁었다고 하는데, 오리나 씨가 평소 술집에는 가지도 않던 사람이라는 것을 아는 주변 사람들은 그게 정말 본인이 쓴 돈이 맞는지 의심합니다. 이에 사실을 확인하기 위해 그녀의 병실에 들어간 간호사가 물어보고 싶은 게 있다고 말하자, 그녀는 남편을 사랑하지 않는다는 동문서 답부터 시작하여 말을 끊을 수도 없을 만큼 빠른 속도로 묻지도 않은 자신의 인생사를 술술 풀어놓습니다. 이러한 상태는 사실 아주 심한 조증 삽화 증상입니다만, 조증 삽화가 대략 어떤 것인지 느낌은 전달되었으리라 생각합니다.

만약 들뜨거나 과민한 기분이 일상생활에 큰 지장을 주지 않거나 입원이 필요할 정도로 심각하지는 않다면, 조증보다는 가볍다는 의미로 이를 '경조증'이라고 부릅니다. 그리고 한 번 이상의 경조증·주요 우울 삽화[*]가 나타나는 경우를 제2형 양극성 장애라고 하지요. 조금 복잡한데요. 표로 정리해보자면 다음과 같습니다.

진단명	진단 기준	구분
제1형 양극성 장애	1회 이상의 조증 삽화	조증 증상이 그 자체로 일상생활에 중대한 지장을 주거나, 입원이 요구될 정도로 심각하거나, 정신증적 증상이 동반될 경우.
제2형 양극성 장애	1회 이상의 경조증 삽화 및 1회 이상의 우울 삽화	경조증 증상이 그 자체만으로는 일상생활에 중대한 지장을 주지 않는 경우.

---

[*] 최소 이 주 동안 하루 종일, 거의 매일 지속되는 우울한 기분이나, 대부분의 활동에서 흥미나 즐거움이 감소하는 현상이 이 주 이상 지속되는 것으로 대표되는 우울 증상을 일컫습니다.

버지니아 울프, 평생 양극성 장애와 싸웠던 예술가

앞서 언급했던 케이 레드필드 재미슨 이야기를 조금만 더 해볼까요. 사실 정신장애와 예술적 창의성의 관계 외에도 그녀가 이름을 날린 또 다른 연구 분야가 있는데, 그것은 바로 자살입니다. 저서『자살의 이해』서문에서 그녀는 자신도 높은 자살 위험성을 가지고 있는 사람이었다는 것을 고백하며 자살로 세상을 떠난 친구와의 일화를 언급하지요. 서로의 자살 위험성에 대해 잘 알고 있었던 재미슨과 그녀의 친구 잭은 둘 중 어느 쪽이라도 자살하고 싶다는 생각이 들면 서로에게 전화를 걸고, 전화를 받은 상대는 친구가 죽지 않도록 설득해주자고 약속합니다. 하지만 굳게 맹세하는 그 순간에도 재미슨은 자살 욕구가 강렬해지는 순간 자신이 진짜로 그에게 전화를 걸 것이라고는 생각하지 않았고, 실제로 여러 번 자살의 문턱까지 갔음에도 단 한 번도 그에게 연락하지 않았습니다. (전화를 걸 생각조차 하지 않았지요.)

학자이자 자살 충동을 느끼는 당사자로서 재미슨은 양극성 장애와 자살의 관계를 이렇게 말합니다. "조울병을 앓는 많은 사람들이 그렇듯 나 역시 좀 더 개인적이고 위험한 방법으로 자살과 접해왔다. (…) 호랑이 조련사는 호랑이의 마음과 동작에 대해 배우고, 비행기 조종사는 바람과 공기의 역학에 대해 배우듯, 나는 내가 앓는 병에 대해, 그리고 그 병이 불러일으킬 최후의 가능성에 대해 배웠다."[*]

재미슨의 글을 읽다 보면 양극성 장애와 자살은 거의 필연적으로 연결되어 있다고, 양극성 장애를 가지고 있는 사람들은 숙명적으로 자살과의 싸움을 싸워나가야만 한다고 여기는 듯한 어떤 비장한 태도가 느껴집니다. 가끔씩 그러한 그녀의 태도가 지나치게 무겁다고 여겨지기는 하지만, 실제로 양극성 장애는 모든 정신장애를 통틀어서 봐도 자살 위험성이 매우 높다고 손꼽히는 장애 중 하나입니다. 정신병리학을 배울 때 양극성 장애의 높은 자살 위험성에 대해 반드시 다루고 넘어갈 만큼, 양극성 장애와 자살 사이에는 뿌리 깊은 연관성이 있지요. 진단 및 통계편람 5판(DSM-5)에 따르면 양극성 장애 환자의 평생 자살 위험도는 일반 인구의 약 열다섯 배에 달한다고 합니다. 제1형 양극성 장애와 제2형 양극성 장애를 가지고 있는 사람이 평생 한 번 이상 자살을 시도할 확률은 각각 36.3퍼센트, 32.4퍼센트라고 하는데, 대

---

[*] 케이 래드필드 재미슨, 이문희 옮김, 『개인적이고 사회적이며 생물학적인 자살의 이해』, 뿌리와이파리, 2004.

략 양극성 장애를 앓고 있는 사람 세 명 중 한 명이 평생 한 번 이상 자살을 시도하는 셈입니다.

불행히도 버지니아 울프는 여기서 이 세 명 중 한 명에 속하는 인물입니다. 다만 그녀는 현대와는 달리 정신 질환에 대한 이해가 많이 부족했던 시대를 살았던 인물이며, 그 증상에 대해서도 일기나 편지, 주변의 증언 등 회고적 기억에 기초해서 유추만 해볼 수 있는 탓에 진단에 한계가 있을 수밖에 없는데요. 그래도 천천히 더듬어가다 보면, 그녀의 상황이 어떠했는지 대강은 알 수 있을 것 같습니다. 추정컨대 버지니아 울프는 제1형 양극성 장애를 갖고 있었던 듯합니다. 그녀가 자살을 시도한 것은 기록으로 확인되는 것만 세 번 이상이며, 잘 알려져 있듯 1941년 주머니에 돌을 채워 넣고 강에 걸어 들어가 생을 마감하였지요.

그녀의 궤적을 시간 순서대로 천천히 따라가봅시다. 그녀가 처음 정서적인 문제를 겪었던 것은, 만 십삼 세라는 상당히 어린 나이에 어머니를 인플루엔자로 여의고 난 뒤인 것으로 추정됩니다. 주변 사람들의 증언에 따르면, 당시 그녀는 방 안에 틀어박혀 몇 달 동안 집 밖으로 나오지 않았고, 심한 불면증을 앓았으며, 몸무게도 줄었다고 합니다. 또한 병적이라 할 정도로 자신을 책망하고 안절부절못하거나 쉽게 흥분하는 모습도 보였다고 하는데, 이러한 이야기들을 토대로 볼 때 버지니아는 한두 가지의 조증 증상이 함께 나타나는 주요 우울 삽화를 겪었던 것이 아닐까 조심스럽게 추정할 수 있습니다.*

두 번째 삽화는 1904년 아버지의 사망 뒤에 찾아왔던 것으로 보이는데, 이때는 심한 조증 삽화를 겪었던 것으로 추정됩니다. 그녀는 세 명의 간호사를 동원해도 통제하기 어려울 만큼 무시무시하게 화를 냈고, 알아들을 수 없는 말을 끊임없이 중얼거리기도 했습니다. 당시 조카인 쿠엔틴 벨의 보고에 따르면 버지니아 울프는 "고통스러울 정도로 흥분되고 긴장된 상태"였습니다. 그녀는 환청, 망상과 같은 정신증적 증상도 보였는데, 후일 첫 소설 『항해』의 3부 「정겨운 블룸스버리Old Bloomsbury」에서 울프 자신이 밝힌 바에 따르면 "새들이 그리스어로 합창을 하고 있고, 에드워드 왕이 입에 담을 수 있는 가장 상스러운 욕을 하고 있다고 생각했었다"고 합니다. 새들이 그리스어로 노래하는 것은 전형적인 조증 삽화의 환청과는 양상이 많이 다르기는 하지만(많은 경우 환

* 주요 우울 삽화와 함께 한두 가지 혹은 그 이상의 조증 증상이 나타나는 경우, 현행 진단 체계인 DSM-5에서는 '혼재성 양상 동반'이라는 코드를 추가로 부여하도록 하고 있습니다.

청을 듣는 조증 환자들은 자신의 기분이나 망상과 일치하는 환청을 듣습니다. 예를 들어 과대망상이 있는 환자는 자신이 위대한 능력을 갖고 있다는 환청을 들을 수 있고, 피해망상이 있는 환자는 누군가 자신을 쫓고 있다거나 해치려 한다는 환청을 들을 수 있습니다.) 버지니아 울프에게 있어서는 굉장히 중요한 증상이었으니 반드시 기억하고 넘어가주셨으면 합니다. 이외에도 자살 시도와 같은 심한 정신 질환 증상을 많이 보였기 때문에, 당시 버지니아 울프는 몇 달간 입원 치료를 받게 됩니다.

이후의 생을 살펴보면, 분명 도중에 상당히 오랫동안 안정된 상태로 보낸 기간도 있긴 하지만, 아무래도 울프는 앞서 언급한 두 차례의 삽화 외에도 여러 차례 힘든 시기를 견뎌야 했던 것으로 보입니다.* 특히 자살 직전에는 다시 환청을 들을 정도로 심한 증상들을 경험하기 시작했던 것으로 추정되는데요. 이처럼 그녀는 평생 동안 신경증과 정신증을 넘나들며 다양한 증상을 경험했고, 일생을 정신장애와 함께

---

* 1915년부터 사망하기 직전인 1941년까지는 이전에 심한 증상을 보였던 기간에 비해서 비교적 안정되어 있던 시기였는데, 이 기간이 갖는 의미에 대해서는 여러 의견이 있습니다. 증상이 없었던 기간으로 보아야 한다는 주장부터, 경미한 수준의 우울과 경조증 기간이 몇 차례 있었다는 주장까지 그 의견은 매우 다양합니다.

살아온 사람들이 흔히 그러하듯 그녀도 과연 정상과 비정상이란 무엇이며, 제정신과 광기란 무엇인지에 대해 깊이 고민했습니다. 그리고 이러한 고민을 잘 반영하고 있는 인물이 소설 『댈러웨이 부인*Mrs Dalloway*』의 셉티머스입니다.

한 사람의 "더블", 댈러웨이 부인과 셉티머스

버지니아 울프의 작품들이 대체로 난해하다거나 어렵다는 평가를 많이 받다 보니, 『댈러웨이 부인』에 대해 설명하는 것이 읽는 사람을 지루하게 하지는 않을까 하는 걱정이 듭니다. 그러나 걱정을 내려놓고 찬찬히 살펴보면, 『댈러웨이 부인』은 문학적으로도, 심리학적으로도 20세기 초반에 이 정도의 성취가 있었다는 것이 놀랍게 느껴질 정도로 흥미로운 부분이 많은 작품입니다. 문학적인 해석은 제 전문 분야가 아니지만, 심리학적인 렌즈로 들여다보았을 때 흥미로운 점들을 여러분께 소개해드릴 수는 있을 것 같습니다.

『댈러웨이 부인』은 여러 명의 시점에서 전개되는데, 그 중에서도 가장 중요하다 할 만한 등장인물들은 이 소설의 중심축을 이루는 댈러웨이 부인과, 셉티머스라는 퇴역 군인입니다. 소설은 파티를 준비하는 댈러웨이 부인의 시점에서 시작되어, 저녁에 실제로 파티가 열리기까지 여러 사람들의 일상과 생각, 회상 들을 어지러이 따라가는 방식으로 그려집니다. 그래서 사실 특별히 줄거리라 할 만한 것은 없고, 큰 틀의 서사보다는 인물의 주관과 의식, 생각의 흐름이 훨씬 더 중요한 소설입니다. 그럼에도 아주 간단하게 그 줄거리와 등장인물을 요약해보려 합니다. 우선 주인공 격인 댈러웨이 부인은 보수적이고 부유한 한 영국 가정의 안주인이며, 또 다른 주인공인 셉티머스는 제1차 세계 대전에 참전했다가 절친한 친구를 잃고 정신적 후유증에 시달리고 있는 군인입니다. 파티가 열리는 날 하루 동안 댈러웨이 부인은 파티를 준비하며 자신이 살아온 삶과 가치관, 내렸던 선택 등에 대해 이런저런 상념에 잠기고, 그러는 동안 셉티머스는 환청을 비롯한 여러 가지 정신증 증상에 시달리지요. 소설의 말미, 셉티머스는 결국 자살하게 되는데, 파티에서 이 소식을 전해 들은 댈러웨이 부인은 왠지 모르게 그에게 깊이 공감하면서도 그녀 자신은 생을 선택하기로 합니다. 소설은 그렇게 마무리됩니다.

소설에서 가장 중요한 인물들이라지만, 사실 댈러웨이 부인과 셉티머스는 일절 관계도 없고, 소설 내내 한 번 만나지도 않는 '생판 남'입니다. 그럼에도 불구하고 작가인 버지니아 울프는 댈러웨이 부인과 셉티머스가 '더블'이라고 밝혔는데요. 이 말인즉슨 둘은 아주 핵심적인 부분을 공유하는, 말하자면 같은 뿌리를 가진 두 개의 이파리라는 것입니다. 원래 버지니아 울프는 댈러웨이 부인이 자살하는 것으로 소설을 마무리하려고 했지만 후일 셉티머스가 자살하는 것으로 결말을 바꾸었다고 합니다. 버지니아 울프를 모델로 쓰인 마이클 커닝햄의 소설 『디 아워스』에서는 버지니아가 댈러웨이와 셉티머스라는 두 소설 속 인물을 구상하는 장면을 아래와 같이 묘사하고 있습니다. "클래리사는 너무도 쓸쓸하게 사람들을 잃게 되겠지만 결코 죽지는 않을 거야. (…) 클래리사, 정신이 멀쩡한 클래리사는 런던을 사랑하고 자기 삶의 평범한 즐거움을 계속 사랑할 것이다. 그리고 다른 누군가는, 어느 미치광이 시인은, 어느 몽상가는 죽음을 택하는 사람이 될 것이다."*

　이쯤 되면, 독자는 클래리사 댈러웨이가 비교적 사람들과 원만히 지내고, '제정신'을 유지하는 상태의 버지니아를 반영하고 있다면, 셉티머스는 취약한 상태에 있는 버지니아

---

* 　마이클 커닝햄, 정명진 옮김, 『디 아워스』, 비채, 2018, 288~289쪽.

의 모습을 담고 있다는 가설을 세워볼 수 있습니다. 물론 댈러웨이에 대해서도 논의할 것들이 많겠지만, 그녀의 정신 질환에 대해 이야기하는 자리이니만큼 여기서는 셉티머스에게 초점을 맞춰봅시다. 셉티머스는 처음 등장할 때부터 마지막에 자살로 숨질 때까지 다양한 정신 질환 증상에 시달리는 인물입니다.* 그는 비행기가 런던 상공에서 분사하는 연기를 보고 "나에게 신호를 보내고 있다"고 생각하는가 하면, 죽은 친구가 자신에게 말을 거는 듯한 환상을 보기도 합니다. 셉티머스의 부인인 루크레치아는 그가 치료를 받으면 회복될 것으로 믿고 의사에게 진료를 받도록 하지만, 정신장애에 대한 이해가 전혀 없는 의사는 그저 '심각한 문제가 아니니 안정을 취하라'는 말만 반복할 뿐이지요.

흥미롭게도(어쩌면 당연하게도) 셉티머스의 증상 묘사 중 많은 부분들이 버지니아 울프 본인의 경험을 반영하고 있는 것으로 여겨집니다. 물론 두 사람의 병증이 완전히 같은 것은 아닙니다. 셉티머스의 증상은 조울증보다는 조현병 쪽에 더 가까워 보인다는 인상을 주지만, 버지니아 울프는 조

---

* 전쟁 후유증으로 발생한 정신장애라는 점에서 많은 사람들이 외상 후 스트레스 장애를 떠올립니다만, 사실상 셉티머스의 증상은 그보다는 조현병이나 조현정동장애에 가까워 보입니다.

현병을 앓지는 않았거든요. 다만, 그녀 역시 망상이나 환청을 겪을 만큼 심한 기분 삽화를 경험한 일이 여러 차례 있었으니, 자신이 겪었던 증상들을 따와 셉티머스의 증상 안에 녹여냈으리라는 추측은 충분히 해볼 수 있겠지요. 그런데, 아무리 직접 경험한 증상이라 해도 이 정도로 그 양상을 섬세하게 포착해내는 것은 역시 버지니아 울프가 아니면 할 수 없는 일인 것 같습니다. 특히나 감탄하게 되는 부분은 작가가 망상과 같은 '사고 내용상의 장애'뿐만 아니라 '사고 과정상의 장애'도 너무나 잘 묘사해냈다는 점입니다.

소설에서 자신이 예수라는 과대망상을 가지고 있거나, 국정원에서 자신을 쫓고 있다는 피해망상에 시달리는 인물의 모습을 묘사하는 것은 상대적으로 쉽습니다. 이러한 종류의 망상을 일컬어 생각의 내용에 문제가 있다는 뜻으로 '사고 내용상의 장애'라 하는데요. 이와는 달리, 내용이 아니라 사고의 흐름이 병적이라는 점에서 '사고 과정상의 장애'라 부르는 증상들도 있습니다. 사고 과정상의 장애는 내용상의 장애에 비해 상대적으로 작품 속에 그 증상을 녹여내기가 어려운데, 버지니아 울프는 의식의 흐름 기법의 장점을 살려 이를 훌륭하게 해냈으며, 짧은 문단 안에서도 여러 가지 증상을 풍부하게 담아냈습니다. 이 대목을 한번 볼까요. "인간들은 나무를 베면 안 된다. 신은 존재한다. (그는 봉투 뒷면에 그런 계시들을 적었다.) 세상을 변화시켜라. 아무도 증오심에서 죽이지는 않는다. 알려라. (그는 받아 적었다.) 그는 기다렸다. 귀를 기울였다. 참새 한 마리가 맞은편 난간에 앉아 셉티머스, 셉티머스, 하고 네댓 번 이상을 짹짹대더니 목청을 길게 빼면서 이번에는 그리스말로 생생하고도 날카롭게 어떻게 범죄가 없는지를 노래하기 시작했다."

"인간은 나무를 베면 안 된다"는 말 다음에 "신은 존재한다"는 말이 오고, "세상을 변화시켜라"라는 발화가 제시된 다음에 "아무도 증오심에서 죽이지는 않는다"는 말이 나옵니다. 도저히 이해할 수 없는 문장의 흐름이지요. 무언가 위대한 존재, 세상이 돌아가는 원리, 뭐 그런 것과 관련된 이야기를 하고 있다는 정도는 말할 수 있겠지만 그 사고의 흐름을 정확하게 파악할 수는 없습니다. 이렇게 서로 관련 없는 연상들이 연속되면서 이야기의 흐름이 이어지지 않는 현상을 '연상이완loose association'이라고 하는데, 이는 사고 과정상의 장애 유형 중 하나입니다.

뿐만 아니라 참새가 그리스말로 노래를 부른다는 언급은 환청 증상을 묘사한 것인데요. 버지니아 울프 본인도 1904년 그리스어로 노래하는 새의 환청을 들은 적이 있다고 언급한 적 있는 것으로 보아 이 장면도 작가 본인의 경험이 십분 반영된 것으로 보입니다. 새가 노래를, 그것도 그리스말로 부르다니 놀라고도 남을 일인데 정작 셉티머스는 아무런 동요도 없이 그 현상을 받아들이고 있습니다. 이미 현실감각이 많이 떨어져 있는 상태임을 짐작할 수 있지요.

그리고 아주 두드러지지는 않지만, 사고 내용상의 장애도 나타나 있습니다. 다른 부분도 살펴보겠습니다. "보라, 하고 보이지 않는 존재가 그에게 명령했다. 이제 그 음성은 인류 중 가장 위대한 자인 셉티머스에게 말하고 있었다." "그, 셉티머스 (…) 혼자만이 전 인류에 앞서서 부름을 받고 진리를 듣고 그 의미를 터득했다. (…) '누구에게?' 그는 소리내어 물었다. 〈수상에게〉라고 그의 머리 위에 웅성대는 음성들이 대답했다. 자고의 비밀은 내각에 보고되어야만 한다." 여기서 셉티머스는 인류의 위대한 과업을 수행할 수 있는 지도자 격으로 추앙되고 있습니다. 그러다 갑자기 환청이 끼어들며 사고가 전환되고, 셉티머스의 생각은 선지자인 자신이 깨달은 바를 수상에게 보고해야만 한다는 쪽으로 흐릅니다.

셉티머스의 증상이 이처럼 심각하다 보니, 아내인 루크레치아로서는 당연히 걱정할 수밖에 없습니다. 타인의 시선으로 바라본 셉티머스는 갑자기 "사람들이 길거리를 가면서 거짓말을 지어내는 게 다 보인다"며 헛소리를 하고, 방에 자기들 둘밖에 없는데도 "사람들이 손가락질한다"며 화를 내고 논쟁을 벌이는, 이해할 수 없는 사람입니다. 거기다 갑자기 셉티머스가 묘한 표정으로 강물을 내려다보며 갑자기 "자 이제 우리 죽자"라고 말하는 모습까지 목격해버렸으니, 걱정을 안 하려야 안 할 수가 없겠습니다.

이에 루크레치아는 남편을 위해 홈스라는 의사를 부르는데, 이 의사는 정신증 증상에 완전히 무지하기 짝이 없는 사람이었는지 그를 보고 "아무런 문제가 없다"고 했으며, 약 육 주 동안이나 그를 지켜보면서도 변변한 치료를 하지 못하지요. 이에 두 번째로 만난 의사인 윌리엄 브래드쇼는 다행히 홈스보다는 이 방면에서 실력 있는 의사였는지 "완전한 신경쇠약, 심각한 상태"라는 진단을 내립니다. 그리고 요양소에서 몇 주간 휴식하고 안정을 취하라고 처방하지요.

그런데 아이러니하게도 셉티머스를 치료하기 위해 내려진 이 '요양'이라는 처방이 도리어 그가 자살하는 직접적인 계기가 됩니다. 셉티머스를 요양소로 데려가기 위해 홈스와 브래드쇼 두 의사가 그를 찾아오던 날, 셉티머스는 그들을 일컬어 "비록 판결은 다르지만, 둘 다 판사인 자들, 아무것도 분명히 알지 못하면서 남을 지배하고 벌을 내리는 자들"이라고 말합니다. 그리고 홈스가 문 앞에 다가오는 순간, "옛다, 봐라!"라고 외치며 창밖으로 몸을 던지지요.

정신 건강이라는 영역에서 일하고 있는 사람으로서 입원을 거부하며 자살하는 환자를 바라보는 심정은 좀 복잡한데, 아마도 셉티머스는 그렇게 의사들로부터 '판결'을 받아 요양소에서 시간을 보내는 것이 자신의 자율성을 심각하게 침해당하는 것이라고 생각했던 듯합니다. 셉티머스가 무엇을 상상했든 간에 환자의 인권에 대한 인식이 개선된 현대의 정신과 병동(예전에는 '폐쇄병동'이라고 불렸습니다만 최근에는 '보호병동'으로 그 용어가 바뀌었습니다)은 그 정도로 끔찍하지는 않습니다. 『댈러웨이 부인』에는 전반적으로 은근히 정신과 의사를 경멸하고, 환자를 조금도 이해하지 못하면서 '판결'만 내려대는 권위자처럼 묘사하는 경향이 깔려 있는데, 유사 분야에 종사하고 있는 동료로서 의사들을 변호하고 싶은 마음이 들지 않는 건 아니지만, 그 시대에 버지니아 울프가 받았던 치료를 생각하면 이런 식으로 받아들이는 것도 이해하지 못할 일은 아닌 듯합니다.

물론 그 시대에도 정신과 치료를 위한 약물이 여럿 있었고, 울프도 수면제 베로날을 비롯하여 여러 약물을 처방

받았지만, 이 약물들을 고용량으로 복용하는 데서 오는 부작용으로 인해 "무엇이 증상이고, 무엇이 부작용인지" 알 수 없는 증상에 이르기도 했습니다. 저를 가장 경악스럽게 했던 것은 당시 버지니아 울프가 받았던 이른바 '휴식치료'라는 것인데요.* 휴식하면서 치료를 받는다니 이름이 주는 느낌 자체는 굉장히 매력적입니다. 하지만 실상을 들여다보면 이 치료는 사람을 육 주에서 두 달 간 침대 위에 누워만 있게 하고, 육체에 부담이 되거나 정신적으로 흥분이 될 만한 일은 일절 금하는 것이었습니다. 환자가 스스로 할 수 있는 것이라고는 오로지 양치뿐이었으며, 밥도 간호사가 먹여주었습니다.

상황이 이러하였으니 환자가 의사며 치료를 지긋지긋하게 생각하고, 요양 처방을 무슨 사형선고라도 되는 것처럼 받아들이는 것도 이해가 갑니다. 게다가 말이 나왔으니 하는 말입니다만, 아마 브래드쇼 의사가 셉티머스를 위해 안배해둔 치료도 이 휴식치료가 아니었을까, 하는 의심이 듭니다. 소설 속에서 그가 루크레치아에게 이렇게 말하거든요. "문제는

---

* Koutsantoni, K., *Manic depression in literature: the case of Virginia Woolf*, Medical humanities 38(1), 2012, pp.7-pp.14.

안정입니다. (…) 안정, 안정, 안정. 침대에 누워 오래 안정하는 것이지요."

셉티머스는 울프와 매우 비슷한 증상을 가지고 있으면서 스스로 치료를 거부하여 죽기를 선택한 인물입니다. 비록 버지니아 울프가 셉티머스에게 공감하면서도 한편으로는 결국 그 자신의 삶을 선택하는 댈러웨이 부인 같은 면모를 가지고 있기는 했지만, 어쩐지 셉티머스는 울프가 하려고 했지만 하지 못한 어떤 것을 대신 수행한 인물은 아닌가, 하는 생각이 듭니다. 병증과 그에 따르는 비인간적인 치료가 주는 버거움에 대항하고 자신과 타인을 지키기 위해 자살을 선택한다는 생각은 후일 버지니아 울프의 유서에도 나타나 있는 것 같습니다. 하지만 『댈러웨이 부인』은 1925년 작이고 버지니아 울프가 자살한 것은 1941년이라 두 사건을 연관 지어 말하는 것이 다소 억지스럽다고 생각하실 분들도 있으실 듯하니, 여기서는 그저 그녀의 유서 일부를 인용하고 읽는 분들에게 판단을 맡기는 것으로 이야기를 맺으려 합니다. (앞에서 언급한 자살학 이론들을 생각하며 읽어주신다면 감사하겠습니다.)

내가 다시 미쳐가고 있다는 것을 확실히 느껴요.

우리는 그 끔찍한 일을 다시 겪을 수 없어요.

그리고 이번에는 회복될 수 없을 거예요.

환청이 들리기 시작하고, 집중할 수가 없어요.

그렇기에 전 제가 할 수 있는 최선의 일을 하려고 해요.

당신은 제게 가능한 가장 큰 행복을 선사했지요.

당신은 할 수 있는 모든 일을 다했어요.

우리 두 사람은 이 끔찍한 병이 오기 전까지는

최고로 행복한 사람들이었지요.

더 이상은 이 고통을 견딜 수 없어요.

나도 알아요, 내가 당신 삶을 망치고 있다는 것을.

내가 없어야 당신도 당신의 일을 해나갈 수 있을 것이라는

사실도. 당신도 알게 될 거예요.

나는 지금 이것도 제대로 쓰지 못하고 있어요.

이제 읽을 수도 없게 될 거예요.

조울증과 함께, 살아간다는 것

지금부터는 양극성 장애 치료에 대해 이야기해보려고

합니다. 제대로 된 치료도 받지 못하고 병증 가운데서 고통받다가 세상을 떠난 버지니아 울프의 이야기를 한 뒤, 조울증 치료에 대해 논하려고 하니 어쩐지 조금 죄스럽게 느껴지기도 합니다. 앞의 유서에 짙게 깔려 있는 이번에야말로 이 증상을 극복할 수 없을 것이라는 '무망감'과, 자신은 소중한 사람들의 짐이 되고 말 거라는 '지각된 짐이 되는 느낌'을 생각하면 작가에게 증상의 재발은 그 자체만으로도 얼마나 끔찍스러운 일이었을지 조금은 짐작해볼 수 있습니다. 하지만 그렇기에 그와 비슷한 증상을 겪고 있는 사람들에게 조금이라도 도움을 줄 수 있는 이야기를 해야 한다고 생각합니다. 그것이 이 아픔을 조금이라도 달랠 수 있는 길이 아닐까, 라고 생각하기 때문입니다.

양극성 장애에 적용할 수 있는 심리치료를 이야기하기 전에, 가장 우선적으로 고려해야 하는 것은 약물치료라는 점을 언급해야겠습니다. 양극성 장애는 조현병, 치매와 함께 약물치료가 가장 우선되어야만 하는 대표적인 정신 질환이며, 양극성 장애 확진을 받은 다음에는 반드시 기분 안정제(mood stabilizer, 가장 대표적인 것으로는 리튬이 있겠습니다)를 복용해야 합니다.

하지만 약물치료가 일차적 치료라고 해서 심리치료가 양극성 장애에 도움이 되지 않는 것은 아닌데, 특히나 경조증보다 우울증이 더 문제가 되기 쉬운 제2형 양극성 장애에서는 심리치료가 우울증 증상을 감소시키는 데 도움이 됩니다. 또한 약물치료의 효과를 더욱 증진하면서 재발을 방지하는 효과도 있지요. 양극성 장애에 대한 인지행동치료, 가족중심 치료, 대인관계 및 사회적 리듬 치료(interpersonal and social rhythm therapy, IPSRT) 등이 이를 목표로 개발된 치료들입니다.

가족 중심 치료의 기본 모토는 가족 내에서 표현되는 적대적이고 흥분된 정서나, 규칙적인 일상생활을 방해하는 요인들은 양극성 장애의 증상들을 더 악화시킨다는 것입니다. 그러므로 가족들에게 질병에 대해서 교육하고 가족 내 효율적인 의사소통을 증진한다면 치료 효율을 높이고 재발을 막을 수 있다는 것이지요.

대인관계 및 사회적 리듬 치료는 가족이 아니라 환자 한 명만을 치료 대상으로 하고 있습니다만, 가족 중심 치료와 비슷한 목표를 가지고 있습니다. 기본적으로 대인관계에서 자기주장과 의사소통을 보다 원활히 할 수 있도록 하며, 스트레스를 잘 관리하고, 규칙적으로 생활할 수 있도록 일상을 유지하고 지속적으로 약물을 복용할 수 있게끔 도와주는 것이지요. 이를 위해 규칙적으로 잠잘 수 있도록 불면증이나 불량한 수면 습관을 개선하고, 너무 급격하게 대인관계가 흔들리지 않도록 균형을 잡고 갈등을 줄이며 더 효과적으로 문제를 해결하기 위한 방법들을 함께 찾습니다. 또한 혹시 삽화 재발의 가능성이 있지는 않은지, 일상생활에서 자신에게 스트레스를 주는 자극이 무엇인지 찾아볼 수 있도록 하기 위해 기분과 감정을 체크하여 증상의 기복을 관찰할 수 있도록 하지요.

양극성 장애의 경우, 삽화가 재발하기 전에 평소보다 소비나 음주량이 는다든지, 활동량이 많아진다든지 하는 식으로 자기만의 '조짐'이 있는 경우가 많은데, 이를 스스로 감지할 수 있으면 상태가 악화되기 전에 증상을 미연에 방지할 수 있어, 환자 혹은 내담자가 자기 기분을 알아차리고 기록하는 연습을 하는 것이 치료의 중요한 한 부분이 됩니다. 꼭 양극성 장애가 있는 경우가 아니라도, 규칙적으로 자신의 정서 상태를 기록하다 보면 자신이 어떤 때 기분이 안 좋아질 확률이 높은지 깨닫게 됩니다. (제 친구는 페이스북을 할 때마다 불행감을 느낀다는 것을 깨닫고 페이스북 앱을 삭제했는데, 그 뒤 기분 나쁜 감정을 느끼는 빈도가 확연히 감소했다고 하네요.) 최근에는 정서 변화를 체크할 수 있는 무료 어플리케이션도 많이 출시되어 있으니, 자신의 스트레스나 기분을 잘 조절하고 싶은 분이라면 누구나 한 번쯤 사용해보시기를 추천하고 싶습니다.

앞서 살펴본 두 치료의 공통점은 모두 '규칙적인 생활'을 강조한다는 것인데요. 이는 양극성 장애의 발병 및 재발에 일주기 리듬이 아주 깊게 관련되어 있기 때문입니다. 일주기 리듬이란 잠들고, 일어나고, 밥을 먹고, 외출하는 모든 생활 리듬을 말하는데, 양극성 장애가 있을 경우 이 모든 리듬이 깨져버릴 가능성이 높지요. 특히 (경)조증 상태에서는 활동성이 높아지고, 잠을 자지 않는 증상이 많이 나타나니까요. 이처럼 생활 리듬이 깨지는 경우, 체온 조절이나 호르몬 분비와 같은 생체리듬도 깨지기 마련인데 이렇게 되면 증상 조절이 더 어려워지고, 재발하기도 쉽습니다. 때문에 특히 조울증일 경우, 일상에서 거의 증상이 나타나지 않는 정도까지 호전되었다 하더라도 일주기 리듬이 흐트러지지 않도록 생활 습관을 교정하는 것이 정말 중요합니다.

이렇게 이야기하면 마치 양극성 장애는 완치가 불가능한, 견딜 수 없이 무거운 짐이라고 생각하게 될 수도 있을 것 같습니다. 실제로 양극성 장애는 재발 위험성이 매우 높고, 재발할 때마다 증상이 더 심해질 수 있기 때문에 한 번 발병하면 지속적으로 치료와 관리를 받아야 하는 질병에 속합니다. 그러니 결국 '완치 없는' 질병이라는 말이 맞지요. 다만, 말장난처럼 느껴질지 몰라도 저는 '완치가 없다'는 표현보다는 '평생 관리가 필요하다'는 표현을 더 선호합니다. 완치가 없다는 말 속에 느껴지는 비관적인 느낌이 꺼림칙하기도 하거니와, 관리가 필요하다는 말이 더 실제에 부합하기 때문입니다. 당뇨병이나 고지혈증, 심장 질환이 있는 환자가 평소 식습관이나 생활 습관을 꾸준히 관리해야 하는 것처럼 정신장애에 취약한 사람도 마찬가지라는 것이죠.

버지니아 울프가 살았던 시대에 증상이 재발한다는 것은 어떤 의미에서는 사형선고에 필적하는 괴로움이었을 것입니다. 그녀의 유서에는 증상이 재발하려는 조짐을 발견했을 때 그녀가 느꼈던 무력감과 절망, 이번에는 결코 이 병을 이길 수 없으리라는 좌절감이 드러나 있지요. 하지만 백 년 가까이 시간이 흐른 지금을 살아가는 우리는 그 어떤 정신장애 증상을 겪고 있다 할지라도 좌절하지 않아도 됩니다. 우리 시대 셉티머스의 이야기는 버지니아 울프의 셉티머스와는 다른 방식으로 그려질 것입니다. 충분히 그럴 수 있습니다.

절대 나아지지 않는 사람에 대한 이야기
_『리틀 라이프』

자해라는 라이트모티프

2018년 9월, 서울에서는 〈급증하는 자해 현황에 대한 이해 및 대책을 위한 특별 심포지엄〉이 열렸습니다. 현직에서 활동하고 있는 정신과 전문의·임상심리사·상담심리사·전문 상담교사 등을 대상으로 마련된 이 심포지엄은 제주도나 부산 등에서 비행기를 타고 버스를 대절하여 올라올 만큼 인기를 끌었고, 신청자가 너무 많아 장소를 바꾸어야 했다고 합니다. 그래도 좌석이 부족하여 계단이나 문 바로 옆에 앉아서 강의를 들어야 했을 정도였다니, 이 주제에 대한 전문가 집단의 관심이 어느 정도였는지 짐작이 가지요. 비단 이 심포지엄뿐만 아니라, 최근 몇 년간 자해를 주제로 한 워크숍·학회 강의·특강 등이 활발하게 개최되고 있습니다. '자해',

특히 청소년 자해라는 주제는 2010년대 중반 이후 전문가 집단에서 가장 활발하게 논의되고 있는 주제 중 하나입니다.

사실 자해라는 현상(혹은 증상) 자체는 그전부터 꾸준히 다뤄졌던 주제이지만, 2010년대 중반 이후로 그 성격이 많이 달라진 것 같다는 게 전문가들의 의견입니다. 우선 자해를 하는 청소년(혹은 초기 성인)의 수가 훨씬 많아진 것 같습니다. 한국청소년상담복지개발원에서 공개한 통계에 따르면, 청소년 자해와 관련한 상담 의뢰는 2015년 4,000건에서 2018년 27,976건으로 거의 일곱 배 가까이 늘어났습니다. 비단 우리나라의 일만이 아닙니다. 미국, 캐나다, 영국, 호주 등여러 국가에서도 (청소년) 자해가 더욱 빈번해지고 있다는 공통적인 연구 결과들을 내놓은 바 있으니까요.* 이 글을 읽고 계시는 여러분들 중에도 자해 경험이 있는 분들이 계실 수도 있겠다는 생각이 듭니다. 주변의 소중한 사람이 자해를 하고 있어서 고민하고 있는 분들까지 합하면 훨씬 더 많은 수가 되겠지요.

---

*   Mercado, M. C., Holland, K., Leemis, R. W., Stone, D. M., & Wang, J., *Trends in emergency department visits for nonfatal self-inflicted injuries among youth aged 10 to 24 years in the United States, 2001-2015*, Jama 318(19), 2017, pp.1931-pp.1933.

자해와 직간접적 관련을 가지고 있는 사람들이 관심을 가질 법한, 혹은 이미 익히 들어보았을 법한 소설로『리틀 라이프*A little life*』가 있습니다. 원서로 천 페이지가 넘는 이 긴 소설에는 찬사와 혹평이 골고루 붙었는데, 그 평들이 모두 책의 내용만큼이나 극단적인 측면이 있습니다. 어떤 사람들은 "이렇게 긴 책을 읽으면서 '더 길었으면' 하고 아쉬워한다는 것은 분명 흔치 않은 일"(〈타임스〉지), "고통 뒤에 따르는 위로를 거부하는 놀라운 소설 (…) 예상을 뒤엎는 아름다움"(〈뉴요커〉지)이라고 극찬하는가 하면, 어떤 사람들은 "감정적 포르노"(독일 저널리스트 크리스틴 베스터만), "이 책에서 진짜 사람같이 묘사된 사람은 한 명뿐인데, 그 캐릭터는 약물중독자다. 하긴 이 책에 갇힌 어떤 '진짜' 사람이 약물에 중독되지 않고 배기겠는가?"(〈가디언〉지)라고 거의 악담에 가까운 비평을 늘어놓습니다. 물론 어떤 책에 대해 호평과 혹평이 갈리는 것이야 문학계에 흔히 있는 일입니다만,『리틀 라이프』의 경우에는 그 간극이 꽤 크지요. 그래서 이 소설이 정말 어떤 소설인지 알기 어려워지는 측면도 있습니다만, 이렇게 상반되는 평가들이 공통적으로 말해주는 부분들을 조금씩 모아본다면, 적어도 이 정도는 알 수 있을 것 같습니다.『리틀 라이프』는 엄청나게 긴 소설이며, 등장인물들이 겪는 여러 가지 끔찍한 고통들을 아주 자세하게 묘사해두었다는 것.

『리틀 라이프』는 뉴욕에 사는 네 남성들의 이야기를 그리고 있습니다. 작가는 소설의 초반부에서는 네 명을 각각 거의 비슷한 분량으로 다루지만, 소설이 진행될수록 이야기의 초점은 주요 인물인 주드 세인트 프랜시스를 향합니다. 그리고 이십 대 무렵부터 사망하기까지 긴 세월 동안 이 주드라는 인물이 어떻게 살아가며, 누구와 어떤 관계를 맺는지가 이야기의 중심축을 이루게 되지요. 소설은 아주 초반부터 주드가 상습적으로 자해를 한다는 사실을 이야기합니다. 그의 절친한 친구들인 맬컴, 제이비, 윌럼은 그 사실을 인지하고 있으면서도 조용히 모른 척하지요.

사정을 모르는 사람이라면 어떻게 친구를 말리지 않느냐며 이들을 비난할 수도 있겠지만, 사실 친구들이 주드의 자해에 대해서 소극적으로 반응하게 된 데에는 주드 본인의 의지가 가장 많이 작용했습니다. 친구들이 조심스럽게 자해에 대해서 물어보거나 병원에 가야 하지 않느냐고 조언할 때마다, 주드는 그 문제에 대해서 전혀 이야기하고 싶지 않으며 자신을 그저 내버려두었으면 한다는 점, 그리고 자해 행동에 대해 너무 깊이 파고들면 아예 친구로서의 인연을 끊어버릴지도 모른다는 점을 분명하게 했기 때문이지요.

이야기가 전개되며 이십 대였던 주드는 삼십 대, 사십 대가 되고, 뉴욕의 가장 볼품없는 아파트 세입자에서 가장 잘나가는 로펌의 변호사가 됩니다. 이토록 많은 변화를 경험하는 동안에도 그가 자해를 한다는 사실만큼은 결코 변하지 않습니다.

주드라는 인물에 얽힌 많은 이야기들 중에서도 자해는 그 자체가 또 하나의 주요한 이야기 축이라 보아도 무방할 정도로 작품의 아주 많은 분량을 차지하며, 서사 자체를 끌고 나가는 일종의 라이트모티프leitmotiv*가 되는데, 바로 이 점이 『리틀 라이프』의 장점이자 단점이라 하겠습니다. 이 두꺼운 책의 거의 시작부터 끝까지 주드는 자해를 지속합니다. 그의 자해는 잠시 멈추는 것 같아 보여도 이내 다시 재개되지요. 또한 칼로 팔 안쪽, 허벅지 등을 긋는 행위에서부터 몸에 올리브유를 바른 뒤 거기 불을 붙이는 행위에 이르기까

---

* 주요 인물이나 사물 또는 특정한 감정 따위를 상징하는 동기를 말합니다. 작품 중 반복하여 사용함으로써 진행을 암시하고 통일감을 줄 수 있습니다.

지 여러 종류의 자해를 하면서도, 자살 시도로 인해 거의 목숨을 잃기 직전이 되기 전까지는 이렇다 할 정신과적 치료를 거의 받지 않습니다. 그는 치료를 꺼리는 정도가 아니라 적극적으로 기피하는데, 병원에 찾아갔다가 심각한 수준으로 자해를 하는 사람이라는 것이 알려지면 정신과에 끌려갈 수도 있다는 염려 때문에 자해로 인해 생긴 상처를 치료할 때에도 자신과 개인적인 친분이 있는 정형외과 의사만 찾아갈 정도이지요.

그의 곁에 있는 사람들은 이를 늘 안타까워하면서 그가 도대체 과거에 어떤 일을 겪었는지 알고자 하고, 그를 병원에 데려가려고 하지만 주드는 늘 요지부동입니다. 다른 사람들이 그가 과거에 겪었던 일을 알게 된다면, 그래서 그가 정말 어떤 사람인지 알게 된다면 자신을 역겨워하고 떠나버릴 것이라는, 거의 확신에 가까운 두려움을 갖고 있기 때문입니다. 언젠가 버림받을지도 모른다는 생각(심리학 용어로는 유기불안이라고 합니다), 그리고 그 아래 깔려 있는 자기혐오는 주드가 자해를 하는 가장 큰 이유이며, 이야기가 끝날 때까지 주드의 이러한 믿음은 전혀 바뀌지 않습니다. 작가인 한야 야나기하라는 한 인터뷰에서 주드라는 캐릭터를 만들게 된 동기에 대해 "절대 나아지지 않는 캐릭터를 창조해보고 싶었다"고 말했는데, 소설을 읽어본 사람들은 바로 그 방면에 있어서만큼은 작가가 성공을 거두었다는 것을 알게 될 것입니다. 소설은 주드가 결국 자살로 생을 마감한 뒤 남겨진 인물들의 이야기를 그리면서 쓸쓸하게 마무리됩니다.

누군가는 살기 위해 스스로를 상하게 한다

본격적으로 자해에 대한 이야기를 시작하기 전에, 몇 가지 짚고 넘어가야 할 것이 있습니다. 먼저 자해는 우울증이나 조울증 같은 특정 '질환'이 아니라 다양한 정신 질환에서 모두 발견될 수 있는 '증상' 중 하나라는 점입니다. 자해라는 질병이 따로 있는 것이 아니며, 반드시 정신장애가 있는 사람만이 자해를 하는 것도 아니고, 자해를 한다고 해서 모두 정신장애가 있는 것은 아닙니다. (물론 그럴 확률이 낮기는 하겠지만요.)

좀 더 중요한 다른 한 가지는, 비록 자해와 자살 행동 사이에 비슷한 부분이 많을지라도 이 둘은 분명히 다르며, 그렇기에 구분해서 생각해야 한다는 것입니다. 가끔 자살과 관련된 국가 통계에서 자해와 자살 시도가 구분되지 않고 한

꺼번에 보고되는 일이 있는데, 행정적으로는 그편이 더 용이할지 모르겠으나, 정신 건강 분야에서는 피해야 할 일입니다. 자살 시도와 자해는, 자살 시도가 스스로 목숨을 끊고자 하는 의도로 감행되는 것이라면, 자해는 (과장을 조금 보태어) 살고자 하는 의도로, 스스로를 달래기 위해 수행된다는 점에서 본질적인 차이가 있습니다. 그러니 겉으로 관찰되는 행동이 비슷하다고 해서, 그 두 행동의 의도도 같은 것으로 치부해버리고 같은 접근 방법을 도입해서는 안 되겠지요. 그래서 정신 건강 연구자들은 자살 시도와 자해를 명확히 구분하기 위해, 자살 의도가 없는 의도적 자해 행동을 일컬어 '비자살적 자해nonsuicidal self-injury, NSSI'라고 부르게 되었습니다. (다만 이 글에서는 편의상 자해라 이르겠습니다.)

그런데 그렇다고 해서 비자살적 자해와 자살이 서로 아무런 관계도 없는 것은 아닙니다. 실제로 비자살적 자해는 훗날의 자살 시도를 예측하는 요인이기도 하며, 앞서 다루었던 자살에 대한 대인관계 모형 중 "습득된 자살 실행 능력"에 포함되는 요인이기도 합니다.* 즉 자해를 하면서 자신의

---

*   Chesin, M. S., Galfavy, H., Sonmez, C. C., Wong, A., Oquendo, M. A., Mann, J. J., & Stanley, B., *Nonsuicidal self-injury is predictive of suicide attempts among individuals with mood disorders*, Suicide and Life-Threatening Behavior 47(5),

몸에 상해를 가할 수 있는 능력을 습득하게 되고, 죽음에 대한 두려움도 점차 소거해나가면서 점점 자살 위험성이 높아지게 된다는 것이지요. 게다가, 특히 심한 수준의 자해를 일상적으로 반복하는 사람의 경우 자해를 의도했더라도 그것이 도를 지나쳐 자살로 이어지게 될 수도 있습니다. 자해는 엄연히 자살 행동과는 다르다고 말하면서도, 자살에 대해 이야기하는 이 책의 한 부분을 할애한 것은 그 때문입니다. 둘은 분명 다르지만, 그러면서도 아주 가까운 관계에 있으니까요.

이제 비자살적 자해라는 이 복잡다단한 현상을 조금 더 깊이 이해하기 위해 『리틀 라이프』에 그려진 주드의 자해 장면들 중 일부를 잠시 살펴보겠습니다. "갑자기 아파트가 저항할 수 없는 유혹(면도날은 물론, 칼과 가위, 성냥, 곤두박질칠 수 있는 계단)으로 가득 찬 것처럼 보였고, (…) 자해하고 싶은 마음이 너무 간절해 팔이 아프기까지 하지만, 그는 절대 굴복하지 않을 것이다." "그날 밤 자해를 하고 싶을 거라고는 생각도 하지 않았지만 (…) 지금은 거의 걸신들린 것

2017, pp.567-pp.579.

처럼 달려든다. 팔뚝에는 멀쩡한 피부가 사라진 지 오래여서, (…) 그는 자기가 자기 몸에 만들어놓은 흉측한 꼴을 보며 역겨움과 당황스러움, 매혹을 동시에 느낀다."

"저항할 수 없는 유혹" "걸신들린 것처럼 달려든다"니요. 자해에 대한 이런 식의 태도는 조금 낯설기도 하고, 본능적인 거부감을 불러일으키기도 합니다. 자기 살을 찢거나 불태우는 일인데도 주드는 그게 마치 심각한 두통이 있을 때 찾아 먹는 진통제라도 되는 것처럼 굴고 있으니까요. 자해로 갈급한 그의 모습을 보고 있자면 주드에게 있어 자해는 말 그대로 자신에게 해를 입히는 게 아니라, 잔뜩 지쳤을 때 집에 돌아와 침대에 눕거나 몹시 굶주린 상태에서 음식을 먹는 일처럼, 쌓인 육체적 욕구를 푸는 행위로 보입니다. 스스로의 몸을 해치면서 그런 감각을 얻다니요.

그런데 사실 이러한 감각은 자해하는 수많은 사람들이 공통적으로 이야기하는 바이기도 합니다. 『키라의 경계성 인격장애 다이어리』라는 책에서 자신의 자해 경험을 솔직하게 밝히고 있는 저자이자 주인공인 키라 역시 자신에게 있어 자해는 불안을 잠재우는 일이었다고 말합니다. 그녀는 "금속이 피부를 뚫고 미끄러져 들어가는 느낌을 즐겼"으며, "한 줄 한

줄 면도날을 그을 때마다 화가 누그러졌고, 방 안의 색깔들이 선명하게 눈에 들어왔다"고 고백하는데요. "피가 뚝뚝 떨어지는 느린 리듬이 나를 깨끗하게 헹구어낼수록 나 자신을 점점 더 또렷하게 의식하게" 되는 이 경험이 몹시 익숙한 일이었다고 밝히고 있습니다.

키라의 경우 의식이 선명해지는 느낌을 더 두드러지게 묘사하는 등 두 사람이 자해를 표현하는 방식이 조금 다르기는 하지만, 공통점도 있습니다. 바로 견딜 수 없는 고통을 달래기 위해, 더 나아가서는 좀 더 나은 기분을 느끼기 위해 자해라는 방법을 선택했다는 것입니다. 여기서 우리는 스스로에게 부상을 입히는 경험이 누군가에게는 한없이 곤두서 있는 신경을 가라앉히는, 자기 위로self-soothing 행위일 수도 있다는 것을 알 수 있습니다.

어느 연구진은 이와 관련해 흥미로운 실험을 했는데요. 스트레스 상황에서 피부에 상처를 냈을 때, 실제로 스트레스가 감소하는 것을 확인한 것이지요.* 우선, 연구진은 평소

---

* Reitz, S., Kluetsch, R., Niedtfeld, I., Knorz, T., Lis, S., Paret, C., Baumgärtner, U., *Incision and stress regulation in borderline personality disorder: neurobiological mechanisms of self-injurious behaviour*, The British Journal of Psychiatry 207(2), 2015, pp.165-pp.172.

에 자해를 하는 경계선적 성격장애[*] 환자군과 경계선적 성격 장애가 없는 대조군을 모집하였습니다. 경계선적 성격장애와 자해의 복잡한 관계를 논하는 것만으로도 책이 한 권은 나오겠습니다만, 여기서는 경계선적 성격장애의 대표적인 증상 중 하나가 자해라는 것 정도만 언급하고 넘어가도록 하겠습니다. 이후 연구팀은 환자군과 비환자군을 다시 각각 두 집단으로 나누었는데요. 한 집단에게는 수학 문제를 푸는 스트레스 상황 이후 자신의 피부를 베는, 자해와 유사한 행위를 하도록 했고, 다른 집단에게는 수학 문제를 푼 뒤 피부를 두드리는 간단한 행위를 하도록 했습니다.

정리하자면, '자신의 피부를 베도록 한 환자군' '자신의 피부를 두드리도록 한 환자군' '자신의 피부를 베도록 한 대조군' '자신의 피부를 두드리도록 한 대조군' 이렇게 총 네 가지 조건에서 실험을 실시한 셈입니다. 그리고 실험 결과, 자신의 피부를 베는 유사 자해 행위를 하도록 한 환자군 집단에서 유의한 수준의 스트레스 감소 효과가 관찰되었습니다. 대조군에서는 이러한 효과가 관찰되지 않았고요. 정말로

---

[*] 불안정한 대인관계, 반복적인 자기 파괴적 행동, 극단적인 정서 변화와 충동성을 나타내는 장애입니다. 자해를 수반할 수 있으며, 자살 위험률이 높습니다.

어떤 사람들에게는 자신의 신체에 상처를 입히는 것이 기분을 개선하기 위한 효과적인 수단이 될 수 있다는 것이 입증된 사례이지요.

이런 효과 외에도, 자해의 '기능'은 여러 가지가 있습니다. 굳이 '기능'이라는 오해의 소지가 있는 단어를 사용하는 이유는, 겉보기에 좋을 것 하나 없어 보이고 심지어는 해가 되는 것 같은 행동이라 할지라도 이면을 살펴보면 그 행동을 발생·유지시키는 이유가 분명히 있기 때문입니다. 또한 어떤 행동을 하게 되는 이유를 제대로 이해하려면 개인과 행동, 환경과의 역동적인 관계를 잘 살펴보아야 하기 때문이기도 합니다.

예를 들어, 할 일을 미루는 행동을 살펴봅시다. 일을 미루는 것은 사실 하등 도움 될 것 없고 전혀 합리적으로 보이지 않는 행동입니다. 그런데도 우리는 공부나 과제같이 고통스러운 행동을 자꾸만 미루게 되지 않던가요? 겉으로 드러나지는 않지만, 이 미루는 행동으로 얻어지는 이득이 분명히 있기 때문입니다. 우선 (지금 당장은) 불쾌한 기분을 느끼지 않을 수 있죠. 심지어 고통스러운 일을 미루고 다른 재미있는 일을 해버리면, (잠깐은) 불쾌한 기분을 즐겁고 좋은 기분으로 대체할 수도 있습니다. 나중에는 이 행동에 대해 비싼 값을 치르게 되겠지만 어쨌든 지금 당장은 미루는 것이 더 기분 좋은 선택지지요. 이처럼 합리적인 사고 틀로는 잘 이해되지 않을지라도, 그 이면을 잘 들여다보면 분명 개인의 욕구, 그리고 외부 환경과 정서가 맺고 있는 긴밀한 관계가 보입니다. 따라서 특정 자해 행동이 어떠한 '기능'을 수행하고 있는지 이해할 때, 비로소 우리는 진정한 의미의 '개입'을 시작할 수 있을 것입니다.

한국에서의 연구 결과, 자해의 기능은 크게 '개인 내적 동기'와 '사회적 동기'의 두 가지로 나누어볼 수 있다고 합니다.* 개인 내적 동기란 앞서 이야기한 스트레스 감소나 긍정적인 정서 촉진과 같은 심리적인 이유에 대한 것이고요. 다른 요인인 사회적 동기는 다른 사람과의 관계에 대한 것입니다. 예를 들어 '도움을 얻기 위해' '다른 사람들에게 자신이 얼마나 절박한지 알리기 위해'와 같은 이유가 여기 포함됩니다. 다만 '사회적 동기'의 경우, 분명히 자해의 기능 중 하나이긴 하지만, 많은 오해를 불러일으키는 부분이기도 하기에 조심스

---

* 권혁진·권석만, 「한국판 자해기능 평가지(The Functional Assessment of Self-Mutilation)의 타당화 연구: 대학생을 중심으로」, 『한국심리학회지: 임상심리 연구와 실제』 3(1), 2017, 187~205쪽.

럽게 설명되어야 할 것 같습니다.

많은 사람들, 특히 자해하는 청소년을 대하는 부모나 교사들은 종종 자해를 '다른 사람의 주의를 끌고 싶은 욕구' '다른 사람을 조종하고자 하는 욕구' 정도로 치부해버리고는 합니다. 그런 태도에는 자해를 가벼운 것으로, 그래서 충분히 바꾸고 대처할 수 있는 행동으로 믿고 싶어 하는 마음도 숨어 있는 것 같습니다. 그렇게 생각하는 마음을 이해할 수 없는 것은 아니지만, 그렇다 해도 자해는 단순히 관심받고 싶어 하는 욕구를 넘어서 보다 포괄적인 정서 조절의 문제, 그리고 자기상self-image의 문제와 깊은 관련이 있다는 점을 확실하게 하고 넘어가야 할 것 같습니다.

주드의 자해, 아동기 학대가 만든 흉터

주드의 경우, 자해의 기능은 대부분 개인 내적인 동기와 밀접한 관련이 있습니다. 그의 자해에서 사회적 동기는 거의 느껴지지 않지요. 주드의 자해는 많은 부분 불안감을 느낄 때, 특히 대인관계에서 유기불안을 느낄 때 이를 달래기 위한 수단으로써 기능합니다. 그런데 이쯤 되면 묻고 싶어집니다. 그는 애초에 왜 불안감을 달래는 데 자해라는 극단적인 방법을 택하게 된 것일까요? 불안한 마음을 달랠 수 있는 다른 방법이 많을 텐데도? 그 이유를 알기 위해서는 주드 인생의 초반부를 살펴보아야 할 필요가 있습니다.

작품 속에서 주드의 과거는 독자와 책 속 등장인물들 모두에게 마치 커다란 비밀인 것처럼 은밀하게 다루어집니다. 책 초반에는 어린 시절 어떤 사건 직후 주드의 모습과, 그런 주드를 다른 사람들이 어떻게 대했는지만 간략하게 나타나, 독자들은 그가 '어떤 끔찍한 일'을 당했다는 것만 어렴풋이 짐작할 수 있습니다. 그러다 과거의 이야기가 조금씩 더 풀려나오면서, 독자는 그가 어린 시절 제대로 된 돌봄이라고는 받지 못했고, 아마도 성적인 학대를 당했으며, 보육원에서도 양육자에게 선택받지 못해 뿌리 깊은 자기혐오와 자기 불신을 지니게 되었다는 것을 알게 됩니다. 다만 주드의 친구들과 양아버지인 해럴드 등 다른 작중 인물들은 주드의 과거를 알지 못하는 상태이며, 과거에 그가 어떤 일을 경험했는지, 무슨 일을 겪었길래 계속 다른 사람들로부터 도망치고, 끊임없이 자신을 괴롭혀대며 자해를 하는 것인지 알고 싶어 합니다.

어린 시절 학대를 경험한 모든 사람들이 자해를 하게 되는 것은 아니며, 자해를 하는 모든 사람이 학대 경험이 있는 것도 아니지만, 어린 시절 학대 경험과 이후의 정서 조절 및 자해 문제는 분명 관계가 있습니다. 주드의 경우도 여기 해당된다고 볼 수 있을 것 같은데요. 어린 시절 경험한 학대와 이후의 자해라는, 얼핏 동떨어진 것처럼 보이는 두 현상이 사실 관계가 있다는 것이 구체적으로 밝혀진 것은, 정신과학의 긴 역사에서도 비교적 최근에 해당하는 일입니다.

1985년, 내과 병원에서 체중 감량 클리닉을 운영하던 빈센트 펠리티 박사는 "비만이 지금 내 인생의 가장 큰 문제"라고 호소하는 한 여성 환자를 만나게 됩니다. 박사는 그를 '영양 보충이 병행된 절대 단식 프로그램'에 등록시켰고, 이 프로그램을 통해 처음 클리닉에 왔을 때 백팔십오 킬로그램였던 환자는 오십일 주 만에 오십육 킬로그램까지 체중을 감량하게 됩니다. 그런데 몇 주 뒤, 환자는 이상한 행동 양상을 보이기 시작합니다. 그토록 성공적으로 프로그램을 이수하고 있었음에도 다시 엄청난 양의 식사를 하기 시작했고, 거의 물리적으로 불가능한 속도로 다시 체중이 증가하게 된 것이지요. 이에 놀란 펠리티 박사는 그 환자와 심층 면담을 실시했고, 놀라운 사실을 알게 되었습니다. 사실, 그 환자는 아동 성폭력의 피해자였습니다. 자신의 친할아버지로부터 장기간 성폭력 피해를 당했었지요. 그녀는 비만한 체구였던 자신이 체중을 대폭 감량하자, 주변의 남성들이 점차 자신을 성적 대상으로 보기 시작하는 것을 느꼈다고 합니다. 결정적으로, 그녀보다 나이가 훨씬 많은 상사가 그녀에게 성적으로 접근해오기 시작하자, 위협을 느낀 그녀는 다시 엄청난 양의 음식을 먹기 시작했던 것입니다.

이 일을 계기로 아동기 학대 경험과 생애 후기 건강문제의 관계에 대해 연구해봐야겠다고 결심한 펠리티 박사는, 미국 질병통제예방센터의 후원으로 대규모 역학 연구를 시작합니다. 바로 보건학 역사에 길이 남을 연구라 해도 과언이 아닐, 아동기 부정적 생애경험adverse childhood experience 연구인데요. 만칠천 명 이상의 미국 성인을 대상으로 한 이 연구결과는 놀랍습니다. 아동기에 여섯 가지 이상의 부정적 경험(예를 들어 부모의 신체적·정서적 학대, 가족 중 전과자·알코올중독자의 존재 등)을 한 사람은 그렇지 않은 사람들에 비해 기대 수명이 이십 년 이상 짧았습니다. 이들은 각종 암, 심장 질환, 간 질환 등 치사율이 높은 질병에 걸릴 확률이 높았으며, 정신 건강 측면에서도 좋지 않은 지표를 보여주었습니다. 어린 시절 트라우마가 많은 사람일수록 성인기에 우

울감을 느끼거나 자살 시도를 할 가능성이 크다는 것이 나타난 것입니다.[*]

아동기에 겪은 부정적 경험이 수십 년이 지난 뒤에도 건강 전반에 광범위한 영향을 미치게 되는 메커니즘에 대해, 연구진은 아동기 부정적 경험이 뇌를 비롯한 신경계의 발달에 영향을 미치기 때문이라고 설명하였습니다. 아주 간단하게 설명하자면 그 메커니즘은 이렇습니다. 아동기에 트라우마가 될 만한 경험에 자주 노출되면 노출될수록 전반적인 신경계 발달이 방해를 받는데, 이때 영향을 받는 영역에는 공포를 비롯한 정서 인식과 매우 밀접한 관련이 있는 편도체와 정서 조절과 관련 있는 전전두엽 등이 포함되어 있습니다. 이로 인해 스트레스에 취약해지고, 자신의 정서를 잘 조절할 수 없게 되며, 대인관계에서 어려움을 겪는 등 인지적·정서적·사회적 문제가 발생하게 되지요. 그러다 보면 사람들은 흡연이나, 불건전한 식습관, 위험한 성생활 등에 빠지기 쉬워지고, 그로 인해 전반적인 건강 상태가 악화되어 일찍 사망

---

[*] Felitti, V. J. M. D., Facp, Anda, R. F. M. D., Ms, Nordenberg, D. M. D., Williamson, D. F. M. S., Mph, *Relationship of Childhood Abuse and Household Dysfunction to Many of the Leading Causes of Death in Adults: The Adverse Childhood Experiences (ACE) Study*, American journal of preventive medicine 14(4), 1998, pp.245-pp.258.

할 위험이 커지게 되는 것입니다.

아동기 트라우마가 아동기 이후의 정신 건강에 미치는 영향 역시 이와 비슷한 메커니즘으로 이해할 수 있습니다. 아주 어린아이를 생각해볼까요. 태어난 지 얼마 안 된 아이는 혼자 잠들지 못하고, 시력과 청력도 다 발달하지 않은 상태이며, 온갖 것들을 다 무서워하고 성인은 이해할 수 없는 이유들로 인해 크게 스트레스를 받으며 울 때가 많습니다. 이때 아이를 진정시키기 위해서는, 우유를 주거나 기저귀를 갈아주는 등 신체적인 욕구를 채워주는 것도 중요하지만, 아이를 안아 안심시켜주고 달래주며 감정을 읽어주는 것과 같은 사회적 상호작용이 아주 중요합니다.

그런데 만약 이러한 요소들이 지나치게 부족했을 때는 어떤 일이 일어날까요? 트라우마 연구의 대가인 반 데어 콜크가 강조하듯, 생애 초반기의 경험은 뇌 발달에 큰 영향을 미치기 때문에 이 시기의 신경 발달과 사회적 상호작용은 아주 긴밀한 연관이 있을 수밖에 없습니다. 그래서 이때 어느 정도를 넘어서는 외상적 경험을 한 아동들은 자신의 내적인 경험들(신체 감각이나 감정 상태)을 스스로 조율하거나 달래는 능력에 손상을 입게 됩니다.[*] 이로 인해 다른 사람들보다 쉽게 부정적인 정서를 경험하게 되고, 정서적으로 동요할 때는 자해와 같은 극단적인 수단을 사용하여 스스로를 달래는 방법을 선택하게 되기 쉽지요.

신체적·정서적 방임과 성적 학대로 얼룩진 주드의 아동기는 안정이나 애착, 사랑이라는 단어와 아주 거리가 멀었습니다. 태어나자마자 부모에게 버려져 근처의 수도원에서 자라게 된 그는, 사적 소유를 거의 금지하다시피 하는 수도원의 금욕적인 분위기 때문에 자라면서 자신의 소유물이라고 할 만한 것은 한 번도 가져보지 못했고, 무언가를 갖고 싶어 하는 듯한 모습만 보여도 끔찍한 체벌을 받아야 했습니다. 이러한 환경에서 다른 사람들과 따뜻하고 안정적인 애착 관계를 형성하면서 자라기란 사실상 불가능한 일이겠지요. 그러다 보니 주드는 아주 어린 시절부터 정서를 조절하는 데서 문제를 겪기 시작합니다. 그는 수시로 자기 안에서 끓어오르는 극심한 분노를 경험하지만, 그것을 풀 수 있는 방법을 전혀 배

---

[*]   Van der Kolk, B. A., *Developmental trauma disorder: toward a rational diagnosis for children with complex trauma histories*, Psychiatric annals 35(5), 2017, pp.401-pp.408.

우지 못했기에 벽에 몸을 던지는 등의 방식으로 자신의 고통스러운 감정을 해소하기 시작합니다.

그런 그에게 유일하게 인간적으로 다가왔던 것이 루크 수사입니다. 그는 주드의 마음을 알아주는 유일한 사람인 듯 보이지만, 소아성애자였습니다. 대학에 다니게 해주겠다느니, 함께 여행을 떠나자느니 하며 어린 주드에게 이런저런 꿈 같은 미래를 약속하던 루크 수사는 결국 주드를 데리고 도망 나와 이곳저곳을 떠돌며 모텔을 전전하게 되지요. 얼마 지나지 않아 루크 수사는 둘의 생활비를 마련해야 한다는 핑계로 어린 주드를 위험한 일로 내몰고, 이 일의 끔찍함에 괴로워하던 주드는 잠시 멈추었던 자해를 다시 시작하게 됩니다. 그리고 주드가 벽에 몸을 던지는 방식으로 자해한다는 것을 알게 된 루크 수사는 그에게 새로운 정서 조절 방법을 알려주는데요. 방법이랍시고 알려준 것이 바로 칼로 긋는 방식의 자해였습니다. 주드는 처음에는 그 방법에 거부감을 느끼지만, 이내 거기 익숙해지게 됩니다. 그리고 일평생 동안 그 방법을 계속 사용하게 됩니다. 불행히도, 스스로를 달랠 수 있는 다른 방법이 있다는 것은 배우지 못한 채로.

그 고통의 이면을 바라봐줄 수 있다면

작가가 "절대 나아지지 않는 인물을 그려보겠다"는 목표를 성공적으로 달성한 것인지, 『리틀 라이프』의 주드는 사망하기 직전까지도 자해를 멈추지 않았고, 여전히 인생의 많은 부분을 힘겨워하고 고통스러워했습니다. 작가의 의도를 생각한다면 더없이 자연스러운 결말입니다만, 여러모로 직업 정신을 가지고 이 책을 읽을 수밖에 없었던 저로서는 주드가 그 많은 자해와 자살 시도 속에서 여러 의료진을 만나면서도 제대로 된 정신과 치료는 거의 받지 않는다는 사실이 계속 마음에 걸렸습니다. (물론 받기는 했지만, 거의 작품에 논리적 개연성을 부여하기 위해 마지못해 갔다 온 수준이라는 의심을 지울 수 없지요.) 문학 속 인물을 마치 자기 친구처럼 느끼는 많은 사람들처럼 저 역시 책을 읽으면서 주드를 너무나 가깝게 느낀 나머지, 그나 그의 친구들에게 이런저런 치료를 소개해주고 싶다는 충동을 느끼기도 했습니다. 혹은 '주드가 입원했던 바로 그 병원에 이 치료를 잘 아는 사람이 있었더라면!' 하고 상상해보기도 했습니다. 여기서 제가 떠올렸던 치료는 마샤 리네한(Marsha Linehan, 1943~)의 변증법적 행동치료dialectical behavioral therapy, DBT입니다.

마샤 리네한은 모든 심리치료자들이 하나같이 치료하기 어렵다며 손사래를 쳤던 경계선적 성격장애 치료에 적극적으로 뛰어들었던 사람입니다. 지금이야 경계선적 성격장애의 여러 증상들을 조절할 수 있는 다양한 접근법이 알려져 있지만, 그녀가 심리학자로서 처음 활동을 시작하던 1980년대 초반은 경계선적 성격장애라는 진단명조차 생소하던 시기였지요.

당시 심리치료계에서 가장 인기 있던 치료 중 하나는 문제가 되는 행동과 증상을 명확하게 정의하고, 치료자와 내담자가 함께 특정 행동 및 정서를 '소거'하거나 '강화'하는 계획을 세우는 것이 주가 되는 행동치료였는데요. 행동치료는 장점이 많고 효과도 좋은 치료였지만, 예민하고 불안정한 자아상을 가지고 있는 경계선적 성격장애 환자들에게는 자칫 문제를 설정하는 것 자체가 그들의 존재를 인정하지 않는, 비수용적인 의미로 받아들여질 위험이 있었습니다.

그렇다고 문제를 정의하지 않고 그들의 고통을 수용하고 공감하는 데만 힘을 쓰자니, 이미 온갖 곳에서 자기 문제를 '들어주는' 것에 이골이 난 내담자들은 별다른 감흥을 느끼지 못하는 데다 상담자가 자신을 실질적으로 도와주고 변화를 이끌어내는 데는 관심이 없는 것 같다고 오해하기 일쑤였지요. 이 모순 속에서 고민하던 리네한이 생각한 것이 바로 정반합의 변증법입니다. 둘 중 어느 하나만을 선택하는 것이 아니라 둘 모두를 수용하여 '합'을 얻어내자는 것이지요. 그러한 논리 아래 "아주 많은 수용validation에 기초한 행동치료"인 변증법적 행동치료가 탄생하게 되었습니다.

이 치료의 개발자인 마샤 리네한은 2011년 〈뉴욕 타임스〉의 기사를 통해 청소년기부터 성인기 초반에 이르기까지 오랜 기간 정신과 치료를 받아왔음을 밝혔습니다.[*] 십칠 세에 정신과 병원에 입원했을 당시 리네한은 손목을 담뱃불로 지지거나, 손에 무엇이든 뾰족한 물건이 들어오면 그것을 사용해 손목이나 허벅지 등을 베는 등 아주 심한 수준의 자해를 했고, 가장 중증인 환자들이 입원하는 병동에서 치료를 받았다고 합니다. 이런 과거사를 밝힌 이유는 경계선적 성격장애나 다른 많은 심리적 장애로 고통스러워하는 사람들에게 희망을 주기 위해서였지요.

자신이 경계선적 성격장애에 대해 누구보다 잘 알기 때문일까요. 변증법적 행동치료의 치료 프로토콜은 아주 꼼꼼

---

[*]   Carey, B., *Expert on mental illness reveals her own fight*, The New York Times 23, 2011.

하고, 치료진과 내담자 모두에게 되도록 많은 대처 방법과 정보를 주고자 노력하는 것 같다는 인상을 줍니다. 어떤 때는 정말 '증상이 도망갈 구석이 없는 것 같다' '치료자가 여기까지 생각했단 말이야?' 하고 혀를 내두를 정도지요. 게다가 DBT는 원칙적으로 네 개의 운영체제로 돌아가게 되어 있어, 보통 치료자와 내담자가 일주일에 한 번 만나는 표준적 심리치료와는 달리, 내담자가 한 주에도 여러 번 치료 장면에 참석하게 되지요. 그렇다 보니 표준적 심리치료에서보다 상담자와 내담자가 더 자주, 효율적으로 만날 수 있다는 점이 장점으로 지목됩니다.

변증법적 행동치료에서 내담자는 개인 치료와 집단 기술 훈련을 병행하게 됩니다. 집단 기술 훈련에서는 마음을 챙기는 법과 정서를 조절하는 기술, 고통을 감내하는 방법, 대인관계 기술 등을 배우는데, 이 시간은 정말 '훈련' 시간이기 때문에 자신의 이야기를 개방하거나 힘든 이야기를 나누는 것보다도 기술을 배우고, 익히는 데 초점이 맞춰지지요. 내담자가 자신의 이야기를 털어놓게 되는 것은 주로 개인 치료 시간인데, 이때 치료자와 함께 치료 목표를 설정하고(주로 자해 행동이나 자살 관련 행동을 멈추는 것이 우선순위가 됩니다), 집단 기술 훈련에서 배운 방법들을 일상생활에서 어떻게 적용하면 좋을지에 대해 논의하게 됩니다.

그런데 이렇게 정서를 조절하고 고통을 감내하며 대인관계를 조율하는 기술을 배우고 그것을 일상생활에 반영하기로 했다고 해서, 그것들이 단번에 적용되지는 않을 것입니다. 특히 위기 상황에서는 더더욱 배웠던 것을 어떻게 사용하면 좋을지 알 수 없어 혼란에 빠지기 쉽겠지요. 이럴 때 사용하는 것이 전화 코칭입니다. 전화나 문자를 통해 치료자에게 자신의 상태를 알리고, 치료 시간에 배우거나 논의했던 것 중 이런 상황에서는 어떤 방법을 써야 하는지에 대해 코칭을 받는 것이지요.

변증법적 행동치료에서 배우고 적용하게 되는 기술들은 워낙 방대해서, 이것들을 충분히 다루려면 그것만으로도 책 한 권 이상의 분량이 필요할 것 같은데요. 이 치료에 더 관심이 있으신 분들은 국내에도 출간되어 있는 『변증법적 행동치료』라는 책을 읽어보시거나, 『키라의 경계성 인격장애 다이어리』 등의 치료 수기를 참고해주시면 좋겠습니다.

다시 주드의 이야기로 돌아와서, 주드가 이런 치료법들에 대한 것을 알았다면 어땠을까, 생각해봅니다. 사실 모든 정신과 치료며 상담을 완강하게 거부했던 주드이니 변증법적 행동치료라고 해서 특별히 다르지 않았을 수도 있지요. 그러니, 주드와 같은 사람이 정말로 존재한다면, 치료를 거부하는 마음의 이면을 유심히 봐주어야 할 듯합니다. 주드의 마음속 깊은 곳에는 다른 사람이 진짜 자신의 모습을 알면 자신을 떠나가버릴 것이라는, 거절과 유기에 대한 두려움이 있지요. 그가 상담과 치료를 거부하는 것, 자신에게 있었던 일을 말하고 싶어 하지 않는 것도 이러한 두려움의 연장선상에서 이해해야 하지 않을까 싶습니다.

역설적으로, 치료를 시작하고 싶지 않아 하는 이유를 다루는 것이 치료를 시작하게 되는 첫걸음이 될 수도 있고, 자신의 모습을 있는 그대로 수용해주는 한 사람과의 관계가 꽁꽁 얼어 있는 얼음을 깨는 계기가 될 수도 있을 것 같습니다. 주드야 작가가 절대 나아지지 않는 사람을 그려보겠다는 일념으로 창조한 가상의 캐릭터이니 그 어떤 기적 같은 치료법을 제시한다 해도 별 소용 없었을 테지만, 실재하는 사람의 일이라면 이야기는 달라질 수 있을 테니까요. 고통받는 사람들의 곁에 증상 뒤의 이면을 바라봐주는 누군가가 있어줬으면 합니다. 물론 그 누군가는 자기 자신일 수도 있겠지요.

중독과 자살, 그 복잡한 관계를 말하다
_술과 약물에 중독된 어느 문인들의 이야기

작가들의 오래된 친구

로빈 윌리엄스를 기억하시는지요. 저는 〈패치 아담스〉〈굿 윌 헌팅〉〈죽은 시인의 사회〉, 애니메이션 〈알라딘〉(그는 지니 역의 성우를 맡았지요) 등 그가 주·조연을 맡은 여러 영화를 즐겨 보며 자란 세대인데요. 그가 자신이 출연한 영화들에서 주로 마음이 따뜻한 (의사) 선생님 역이나, 아주 웃긴 역할을 맡곤 해서인지 로빈 윌리엄스라는 인물도 따뜻하고 재미있는 사람이라 생각해왔습니다. 그래서 2014년 그가 자살했을 때는 굉장히 놀라고 당황했었지요.

그러나 그가 맡아 연기했던 '역할'들이 아니라 로빈 윌리엄스라는 '사람'에게 관심이 있었던 이들은 "그가 그 나이까지 살아 있었다는 것이 대단하다"고 말했습니다. 무대 위나 스크린을 통해서 보는 그의 모습으로는 상상하기 어렵겠지만 그는 성인기의 대부분을 우울증과 싸우며 보내왔으며, 코카인 및 알코올 중독으로 오랫동안 치료를 받았던 과거 이력이 있습니다. 배우로 활동하기 위해 이십 년 이상 약물을 끊는 데 성공했지만, 2006년에 알코올중독이 재발했으며, 본인의 회고에 따르면 "술을 하도 많이 사서, 길을 걸을 때 종소리가 나는" 지경에까지 이르기도 했습니다.

사실 어떠한 형태로든 대중 앞에 나서는 직업을 가지고 있는 사람들은 좋든 싫든 사람들에게 드러내 보이기 위한 자아를 형성할 수밖에 없는데, 그러다 보니 종종 대중들이 자신이 의도하지 않은 방향으로 자신을 인식하기도 하고, 화려함 그 이면의 모습에는 관심을 보이지 않을 때가 많지요. 여기서 오는 괴리감이 주는 고통 때문에, 배우들 중에는 로빈 윌리엄스처럼 대중들에게는 유쾌한 인물로 알려져 있으면서 사생활에서는 약물중독 또는 알코올중독에 시달리거나 우울증을 앓고 있는 사람들이 생각보다 많다고 합니다. 이러한 고통을 가슴 깊이 이해할 수 있는 직업군이 또 하나 있습니다. 바로 작가인데요. 작가들은 예로부터 그 어떤 전문 직업 집단보다도 알코올 및 약물과 친밀한 관계를 맺어왔지요.

워싱턴대학병원 정신과 의사인 도널드 굿윈은 미국 저

명 작가 삼 분의 일에서 이 분의 일 정도가 알코올중독자라고 주장했습니다.[*] 앞에 버지니아 울프를 다루면서 잠깐 인용했던 안드레아슨의 연구에서도 이를 뒷받침할 만한 결과가 나타나 있는데요. 바로 작가와 그의 가까운 친척들은 알코올 사용 장애 발생률도 보통 사람들보다 훨씬 더 높게 나타났다는 것이지요. 굳이 이런 연구들을 인용하지 않더라도 우리는 유명한 알코올중독자 혹은 약물중독자 문인을 얼마든지 어렵지 않게 떠올릴 수 있습니다. 우선 대표적인 알코올중독자 듀오 피츠제럴드와 헤밍웨이가 있고, 같은 대학에 재직하며 함께 술을 마셨던 '술친구' 레이먼드 카버와 존 치버도 있습니다. 작가들은 알코올뿐 아니라 약물에도 취약했는데, 비트 세대[**]에는 약에 취해 있지 않은 작가를 찾기가 힘들 정도였고, 친구 사이였던 테네시 윌리엄스와 트루먼 커포티도 둘 다 사이좋게 약물과 알코올에 중독되어 있었습니다.

굿윈은 이처럼 작가 집단에서 유달리 중독 질환자가 많이 나오는 이유를 알코올의 효과 세 가지를 들어 설명하였습

---

[*]   Goodwin, D. W., *Alcohol and the Writer*, Andrews McMeel Pub, 1988.

[**]   제2차 세계 대전 후 1950년대 중반 샌프란시스코와 뉴욕을 중심으로 대두된 보헤미안적인 문학가·예술가들의 그룹을 지칭합니다. 이들은 현대 산업사회로부터 이탈하여, 원시적인 빈곤을 감수함으로써 개성을 해방하려고 하였습니다.

니다. 바로 알코올은 첫째, 사회성을 증진하고, 둘째, 환상을 촉진하며, 셋째, 심리적 고통을 해소해준다는 것인데요. 이 세 번째 고통 해소 기능에서 우리는 많은 작가들이 심리적 고통에 시달렸겠구나, 라고 예상할 수 있습니다. 실제로 중독자 대열에 합류했던 많은 작가들이 우울증과 같은 심리적 질환을 앓았고, 그중 많은 수가 살면서 한 번 이상 자살을 생각했던 것으로 보이며, 실제로 자살을 시도하거나 자살로 생을 마감한 사람도 있습니다. 중독과 우울증, 혹은 중독과 다른 정신장애의 높은 연관성을 생각하면 이상한 일은 아니지요.

하지만 중독과 자살이 맺는 관계는 다른 정신장애들이 자살과 맺는 관계보다 더 복잡한 데가 있습니다. 중독은 마치 자석처럼 다른 질병이나 고통을 적극적으로 끌어들이는 경향이 있기 때문이지요. 그렇기에 중독과 자살의 관계를 탐구하려면 중독과 자살 사이에 끼어 있는 다른 정신장애들과의 상호작용을 살펴보는 것이 중요하며, 그것이 자살로 이어지기까지의 복잡한 과정을 보는 것도 중요합니다. 다양한 상호작용의 여러 측면을 살피는 것이 중요하므로, 이 대목에서는 하나의 작품 혹은 작가를 선택하여 이야기하기보다는 여러 작가와 작품을 넘나들며 하나의 궤적을 그려보려 합니다.

중독이 먼저일까, 우울이 먼저일까

알코올이 불러들이는 정신장애, 혹은 알코올을 불러들이는 정신장애는 매우 여러 종류가 있습니다만, 그중 가장 대표적인 우울증에 대해 이야기해보겠습니다. 중독과 우울증은 친한 친구라 짝지어 다니는 일이 많습니다. 연구에 따르면 우울과 불안 증상을 가진 환자 중에서 이십 퍼센트가량이 알코올 남용 증상을 보였다고 하며,[*] 약물을 남용하는 경우 그러지 않는 사람보다 우울증 발생 위험이 다섯 배가량이나 높았다고 합니다.[**] 유감이지만 중독과 우울은 일단 둘 중 하나가 발생하면 다른 한쪽도 불러들이거나 발생 위험을 높이는 역할을 하고, 둘이 같이 발생하면 서로를 악화시키는 기능이 있지요.

우울증이 알코올중독보다 먼저 발생하는 경우를 조금

---

[*] Boschloo, L., Vogelzangs, N., Smit, J. H., van den Brink, W., Veltman, D. J., Beekman, A. T., & Penninx, B. W., *Comorbidity and risk indicators for alcohol use disorders among persons with anxiety and/or depressive disorders: findings from the Netherlands Study of Depression and Anxiety (NESDA)*, Journal of affective disorders 131(1-3), 2011, pp.233-pp.242.

[**] Regier, D. A., Farmer, M. E., Rae, D. S., Locke, B. Z., Keith, S. J., Judd, L. L., & Goodwin, F. K., *Comorbidity of mental disorders with alcohol and other drug abuse: results from the Epidemiologic Catchment Area (ECA) study*, Jama 264(19), 1990, pp.2511-pp.2518.

더 효율적으로 이해하기 위해선 '자가 치료self-medication'라는 개념을 가지고 와야 합니다. 자가 치료라니, 어감은 좋아 보이지만 심리학에서는 다소 위험한 의미로 받아들여지는 말입니다. 우울이나 불안, 불면과 같은 심리적·신체적 문제를 겪는 사람들이 이를 가라앉히려고 약물, 알코올을 사용하면서 치료라는 말을 붙이니까요. 일례로 『드링킹』을 쓴 캐럴라인 냅은 알코올의 이러한 역할을 두고 자조적으로 "술은 치료약이야. 우리 집에서 배운 음주 방정식이지"라고 말하기도 하였습니다.

그런데 사실 자가 치료 용도로서의 알코올과 약물 사용은 문학 작품 속에 끊임없이 등장해왔던 테마이기도 합니다. 이것을 보여주는 대표적인 사례로 테네시 윌리엄스의 희곡 〈뜨거운 양철 지붕 위의 고양이〉에 나오는 인물 브릭이 있습니다. 테네시 윌리엄스는 알코올중독을 앓았던 것으로 유명한데, 이 브릭이라는 인물에게는 어느 정도 그런 윌리엄스의 모습이 투사되어 있는 것 같습니다. 브릭은 극이 진행되는 내내 죄책감과 자기혐오에 가득 찬 상태로 계속 술만 마셔대는데, 그가 자신이 술을 마시는 이유에 대해 설명하는 것을 들어봅시다.

브릭: 제가 제일 듣고 싶은 게 뭔지 아세요?

할아버지: 뭔데?

브릭: 탄탄한 정적요. 깨지지 않는 완벽한 정적 말이에요.

(…)

브릭: 제 머릿속에서 찰칵, 하고 나는 소리요. 찰칵

　　　소리가 제 마음을 편하게 해주는 거 말이죠.

　　　그 소리가 들릴 때까지 술을 마셔야 해요. 그냥

　　　일상적인 거예요. 마치…… 마치……

　　　마치 뭐 같다고 할까…….

할아버지: 마치 뭐…….

브릭: 제 머릿속에서 스위치가 찰칵 꺼지는 것 같아요.

　　　뜨거운 빛은 사라져버리고 시원한 밤이 오고……

　　　순식간에…… 평화가…… 와요!

할아버지: … 저런! 네가 이 지경인 줄은 몰랐구나.

　　　아니, 얘야, 너…… 알코올 의존자구나!

　　브릭이 술에 대해 하는 말을 듣고 있노라면 자신을 둘
러싼 외부 환경은 물론 스스로로부터도 도피하고 싶어서 술
을 마시는 것 같다는 인상을 받게 됩니다. 테네시 윌리엄스
는 일생 동안 술과 약물에 중독되어 살았고, 말년에는 술로

인해 극심한 편집증과 생산력 저하에 시달리기까지 했던 사람인데, 그 역시도 처음에는 남들처럼 술과 약물에서 위안을 받았던 듯합니다. 이처럼 부정적인 무언가를 없애기 위해 행동하는 것을 '부적 강화negative reinforcement'라고 부릅니다. 부적 강화는 알코올이 뇌의 억제성 신경전달물질인 GABA의 활동을 더 활성화하기 때문에 생겨나는데요. GABA가 기본적으로 뇌의 활동을 늦추고 스트레스와 불안함을 낮추는 작용을 하다 보니, 술을 마시면 즉각적으로 기분이 진정되는 효과가 나타나는 것입니다.

알코올이 가진 안정제로서의 효능이 워낙 탁월하다 보니, 어떤 사람들은 사회생활을 할 때 불안감을 가라앉히고 좀 더 매끄러운 사회성을 보여주기 위해 술을 이용하기도 합니다. 앞서 잠시 언급했던 존 치버는 "낯가림 때문에 잘 어울리지 못할까 봐 진 한 병을 사서 스트레이트로 넉 잔을 들이켰더니 (…) 나도 그 사람들처럼 똑똑하고 말도 잘하고 세련된 모습으로 같이 어울릴 수 있었다"고 말하기도 했지요.

사람들이 이렇게 스스로를 진정시키기 위해 복용하는 것은 알코올뿐만이 아닙니다. 마리화나, 아편계 약물, 기타 진정제sedatives 등도 있는데요. 이런 계열의 약물을 사용하는 사람들은 신체적으로든 정신적으로든 '고통을 견디기 위해'

약을 시작했다는 사람들이 많으며, 실제로 마약성 진통제에 중독되는 경우도 있습니다.

사교적인 목적으로 술이나 약물을 조금 더 미묘하게 활용하는 사람도 있는데, 예를 들면 피츠제럴드가 그러합니다. 피츠제럴드는 이십 대 후반부터 알코올의 영향력하에 있었던 것으로 생각되며, 죽는 날까지 알코올을 완전히 끊지 못했는데요. 그의 친구 중 한 명은, 피츠제럴드가 "양식 있는 행동을 할 수 있는 기본적인 예법을 배우지 못한 탓에" 그런 사실을 감추려고 일부러 술을 마시고 취한 척했다고 주장했습니다. 워낙 쑥스러움이 많고 자신의 결함에 대한 걱정이 많았던 그이다 보니, 부족한 사교술을 들키지 않으려고 술을 마시고 괴짜인 척했다는 말이지요. 다만 피츠제럴드의 경우 이것이 술을 마시는 이유의 전부는 아니었는데, 그 이야기는 나중에 이어가도록 하겠습니다.

다시 부적 강화 이야기로 돌아갑시다. 부적 강화가 술을 마시거나 마약을 복용하는 이유의 하나가 될 수는 있겠지만, 그게 술과 마약이 가진 매력(?)의 전부는 아닙니다. 그게 전부였다면 중독자들이 그 정도로 시달리지는 않겠지요. 술이나 마약은 마음의 고통을 경감해줄 뿐 아니라, 보다 적극적인 차원에서 좋은 기분을 창조해주기도 합니다. 그러니까 정적 강화물positive reinforcer로서 사용되기도 한다는 것이지요.

앞서 알코올이 진정 작용을 한다고 했는데, 알코올은 뇌의 '보상회로'에 작용하기도 합니다. 보상회로란 복측피개영역ventral tegmental area, VTA, 측위 신경핵nucleus accumbens을 포함하는 회로인데, 이 보상회로에 자극을 받으면 흥분감과 행복감euphoria을 느끼게 됩니다. 그래서 자꾸만 보상회로를 자극하는 행동을 하고 싶어지지요. 알코올중독자들이 처음 술을 마시게 된 계기에 대해서 설명할 때, '우울해서' '불안해서' '잠이 안 와서' 한두 잔씩 마시기 시작했다고 하는 사람도 있지만, '술 마시면 기분이 좋아져서'라고 하는 사람도 있습니다. 오래전부터 예술가들은 술이 가져다주는 도취와 흥분, 행복감과 황홀 상태를 찬양해왔습니다. (특히 낭만주의자들이 그랬지요.) 이것은 보상회로를 자극하는 알코올의 작용 때문에 느끼게 된 기분이었을 겁니다.

약물도 뇌의 보상중추를 자극합니다. 그중에서도 특히 기운이 솟고 기분이 좋아지게 하며, 일시적으로 머리를 맑게 하고 두뇌 회전을 빠르게 해주는 약물들을 작품 활동에 활용한 사람들도 있습니다. 예를 들어 테네시 윌리엄스는 작품을 쓸 때 기분과 에너지를 끌어올릴 목적으로 약물을 사용하기도 했지요. 미국에서는 1960년대까지도 비교적 쉽게 마약을 구할 수 있었는데, 윌리엄 버로스와의 대화에서 그는 "마약을 하면 믿을 수 없을 만큼 황홀한 기분이 되고, (…) 정력이 넘치면서 작품도 훨씬 더 잘 쓸 수 있게 됐다"고 고백했지요.

그런데 문제는 진정 작용을 위해서 약물을 복용하든, 쾌락을 위해 약물을 복용하든 간에 처음 느낀 그 효과가 계속 이어지지는 않는다는 데 있습니다. 강한 중독성을 가진 약물들은 어느 시점이 지나면 자생력을 가지게 됩니다. 처음에는 복용자가 주도권을 가지고 약물을 이용하는 것 같아도, 나중에는 마치 고삐 풀린 망아지처럼 날뛰며 자신을 끌고 나가는 물질에 대한 충동을 통제하기가 어려워집니다. 처음에는 미묘하게 인생과 약물의 우선순위가 바뀌는 것부터 시작합니다. 작가들의 경우, 작품을 쓰는 데 약간의 '활력'과 도움을 얻기 위해 술과 약을 시작했다면, 나중에는 약이나 술 없이는 아예 작품을 못 쓰게 되기도 합니다. 이러한 불균형은 갈수록 더 심해져서 결국 어느 시점부터는 '마치 시한폭탄을 안고 사는 것처럼' 약효가 떨어지기 전에 약물을 구하기 위해 허덕이며 살아가는 인생이 되어버리지요.

중독 증상이 일정 수준을 넘어가면 끊는 것도 고역이 됩니다. 이미 물질이 있는 상태에 익숙해져버린 몸이 다양한 금단증상을 나타내게 되기 때문이지요. 약물을 복용하지 않으면 찾아오는 우울하고 불쾌한 기분도 금단증상 중 하나입니다. 알코올중독으로 고생하다 자살로 생을 마감한 문인 헤밍웨이는 정신과 병원 의사의 권고로 생애 말기에 알코올 복용을 중단하기도 했습니다. 그런데 여기서 오히려 금주가 우울증을 악화시켰다고 주장하는 사람들도 있습니다. 그의 전처인 해들리 리처드슨은 차라리 "술을 마시게 놔두었다면 자살은 하지 않았을 것"이라고 한탄하기도 했지요. 결코 동의하기 어려운 말이라 해도 이 말은 적어도 일말의 진실을 보여주는 것 같습니다. 알코올을 끊으려는 시도에도 위험이 동반된다는 것을요.

이제부터는 중독이 우울이나 불안 등의 기분장애를 유발하는 메커니즘과 관련된 이야기를 해보겠습니다. 어떤 사람이 무언가에 중독됐는지 아닌지를 구분하는 가장 중요한 기준 중 하나는 '통제력을 가지고 있는가'의 여부입니다. 직업상의 이유로 술을 자주 마신다거나 친구들과 마실 때 과음을 하는 경향이 있다 하더라도, 그 수준과 빈도를 스스로 조절할 수 있다면 큰 문제는 없을 수도 있습니다. 그런데 만약 음주로 인해 일상생활이 안 좋은 영향을 받고 있는데도(예를 들어 술에 취해 있거나 숙취로 고생하는 까닭에 일을 잘 못 하게 된다든지, 부모로서의 역할이나 누군가의 애인으로서의 역할 등 대인관계에서 해야 할 역할을 원만히 수행하지 못한다든지, 술로 인해 건강상의 문제가 생겼다든지 등) 자신은 아무 문제가 없다고 부정하기만 한다면 이것은 중독 위험 신호등에 빨간 불이 들어온 것입니다. 조절 능력에 문제가 생겼다는 신호니까요.

조절이 어려울 정도로 약물을 남용하기 시작하면 그전까지 인생을 지탱하고 있었던, 혹은 앞으로의 삶을 살아가기 위해 꼭 필요한 기반들이 망가지기 시작합니다. 직업, 대인관계, 건강 등 생활의 모든 영역이 약물의 공격을 받지요. 게다가 두뇌에 직접적으로 영향을 주어 기분을 바꾸는 물질을 지속적으로 복용하다 보면, 뇌의 보상회로에도 이상이 생기게 됩니다.

앞서 보상회로에 대해 이야기했는데요. 사실 본래 사람은 일상생활에서의 경험을 통해 자연스럽게 보상회로를 자극할 수 있습니다. 먹고 마시는 행위를 포함해서 친구와 포옹한다든가, 애인과 입을 맞춘다든가 하는 행동도 충분히 보상 효과와 연결될 수 있지요. 그런데 마약과 술은 뇌의 보상중추에 엄청나게 크게 작용하여, 일상적으로 경험할 수 있는 행복의 수준을 넘어서는 강렬한 쾌락을 선사합니다. 그래서 일상이 주는 행복과 즐거움은 점차 그 빛을 잃어가게 되지요.

때문에 이 단계에 오면, 물질을 끊는다 해도 오랜 기간 동안 다른 방법으로는 기쁨, 행복감 등 좋은 기분을 좀처럼 느끼지 못하게 될 수 있습니다. 뿐만 아니라 약물에도 내성이 생겨, 처음에 복용하던 만큼만 복용해서는 아무 느낌도 오지 않고, 점차 많은 양을 사용해야 하기 때문에, 행복을 느끼려고 시작했고 실제로 행복감을 주던 물질이 더 이상 즐겁게 여겨지지 않지요.

우울이 선행하는 경우와 음주가 선행하는 경우가 나누어지는 것처럼 설명했습니다만, 사실 많은 경우 중독이 어느 정도 진행되면 서로가 서로를, 증상이 증상을 악화시키는 굴레에 매이게 되기 때문에 무엇이 문제인지 원인을 가리는 것이 의미 없게 여겨지는 경우가 많습니다. 이는 작가들도 예외가 아니며, 이러한 악순환이 작품 활동에 직접적인 영향을 미치게 되는 경우도 많지요.

사실 읽기와 쓰기는 상당히 고등 수준의 인지능력을 요구하는 행위이기 때문에, 자연스럽게 습득하게 되는 것이 아니며, 오랜 기간의 학습과 연습을 통해서 일궈나가야 하는 능력입니다. 또 이 능력은 한번 습득했다 하더라도 꾸준히 갈고 닦지 않으면 금방 퇴화하는 예민한 능력이기도 합니다. 그렇기 때문에 인지능력 상실은 작품의 양과 질을 보장하는 데 있어 아주 중요한 문제입니다.

여러 연구 결과를 통해 잘 알려져 있는 바와 같이, 약물 오남용은 주의력, 집행 기능, 정보처리 속도, 기억력, 공간지각능력 등 광범위한 영역의 인지능력 저하와 연관되어 있는데요. 특히 작품의 양과 질에 직접적인 영향을 주는 것으로는 주의력 및 정보처리 속도와 집행 기능 저하가 있겠습니다. 정보처리 속도는 말 그대로 생각이 돌아가는 속도인데, 여러 종류의 인지능력 중에서도 우울증이나 두부외상, 신체 상태 등에 상당히 민감하게 반응하는 지표입니다. 따라서 정신장애가 있을 때 다른 기능보다도 정보처리 속도가 가장 먼저 저하되는 것을 관찰할 수 있습니다. 주의력은 오랜 시간 동안 한 작업에 집중해서 무언가를 성취하는 것과 관련이 있으며, 이 역시 우울증 등의 정신장애 및 장시간의 약물 사용으로 인해 상당히 저하될 수 있다는 것이 널리 알려져 있습니다.

『메피스토』를 쓴 클라우스 만은 십 대 후반부터 시작된 약물 오남용 습관을 평생 이어간 것으로 유명한데요. 본래 그는 빠르고 가볍게 글을 쓰는 작가였으나, 생애 후반기에는 "모든 일에 어려움을 겪고 있으며 특히나 집필 작업이 어렵습니다. 심지어 아주 별것도 아닌 「도시와 시골」이라는 글 한 편을 쓰는 데도 육 주나 걸렸지요"라고 말할 정도로 어려움을 겪었습니다. 클라우스 만뿐 아니라 오랜 기간 술이나 약물(혹은 둘 다)을 복용해온 작가들은 말년으로 갈수록 작품의 질이 떨어져, 대중이나 평단으로부터 외면당하는 일이 흔했습니다. 구성이 아주 성긴 작품들을 쓰거나, 커리어 초기에 썼던 작품들을 거의 '재탕'하듯 인물과 주제를 지루하게 반복하거나, 완성하는 원고가 현저히 적어지는 등 그 양상은 매우 다양하지요.

물질 남용이 작품의 질에 미치는 영향에 대해, 피츠제럴드가 재미있는 언급을 한 바 있습니다. 1935년 편집자인 퍼킨스에게 보낸 편지에서 그는 이렇게 말했습니다. "단편은 술을 마시면서도 쓸 수 있지만 장편소설을 쓸 때는 머릿속에 줄거리 전체를 항시 생각할 수 있는 정신적인 능력이 필요하다." 심리학자로서 이 말은 반은 맞고 반은 틀린 것으로 들립니다. 단편소설이라고 해서 집중력이 덜 중요할 리 없으며, 알코올로 인한 인지능력 손상이 어떤 방식으로든 글쓰기에 영향을 줄 정도라면, 본인이 인정하지 않는다 하더라도 어쨌든 단편소설 집필에도 영향을 주었을 것이기 때문이지요(하다 못해 집필 속도에라도 말입니다).

이처럼 알코올의 영향력이 아주 적거나 없다는 것처럼 말하는 피츠제럴드의 태도는 중독자들에게서 아주 흔하게 나타나는 '부정deny'의 태도입니다. 한술 더 떠 그는 친구인 로라 거스리에게 쓴 편지에서 "술은 감정을 자극하고 (…) 정신이 말짱할 때 쓴 작품은 어리석어 보인다"며 알코올의 효과를 그럴싸하게 포장하기도 했습니다. 그렇지만, 그렇게 애써 알코올은 별것 아니라고 말하는 와중에도 장편을 쓸 때는 마시면 안 된다는 것만큼은 인정했다는 것이 인상 깊습니다. 아마도 장편을 쓰는 가운데 작가 스스로도 많은 아쉬움을 느꼈던 듯한데, 그의 마지막 소설 『밤은 부드러워』에 대해 피츠제럴드는 이 책의 3부를 술에 의존해 쓰지 않았더라면 좀 더 나은 작품을 쓸 수 있었을 것 같다며 '온전한 정신으로' 그 소설을 다시 한 번 쓰고 싶다고 밝히기도 했지요.

약물은 보다 간접적인(그러나 아주 치명적인) 방법으로 작품 생산에 영향을 주기도 합니다. 이제부터는 앞서 잠시 언급했던 테네시 윌리엄스에 대한 가슴 아픈 이야기를 해야겠네요. 테네시 윌리엄스는 〈유리 동물원〉(1945) 〈욕망이라는 이름의 전차〉(1947) 〈뜨거운 양철 지붕 위의 고양이〉(1955)와 같은 작품으로 연극계와 헐리우드를 휩쓸었던 스타 극작가였지만, 지속적인 약물 복용과 알코올중독으로 인해 1960년대에는 이렇다 할 만한 작품을 써내지 못하고 친구들과도 거의 교류하지 않는 "취한 시대stoned age"를 보낸 것으로 알려져 있습니다.

알코올과 약물로 인해 지극히 편집증적이 되어버린 그는, 걸핏하면 자신을 돌보아주는 사람들에게 이상한 혐의를 씌우곤 했습니다. 예를 들어 주위 사람들이 자신을 살해하려 한다는 편집 망상 증상을 보일 때가 있었는데, 거의 정신병원에 입원이 필요한 수준이었지요. 이 시기 테네시 윌리엄스는 평상시처럼 식사를 하거나 대화를 나누다가도 상대방이 자신의 물건을 훔쳤다거나, 자기를 비방하고 다녔다거나, 해치려 한다고 근거 없이 우기며 불같은 분노를 퍼부어서 인연을 끊어버리기 일쑤였지요.

그의 가장 뼈아픈 손실 중 하나는 삼십이 년간이나 그의 저작권 대리인으로 일하며, 주변 사람들이 모자 관계 같다고 말할 정도로 자신을 극진히 돌보아온 오드리 우드를 해

고한 일일 것입니다. 테네시 윌리엄스의 작품을 영화화하는 과정 중에 있던 시기, 감독이 대본 수정을 요청해오자 옆에서 그것을 지켜보던 오드리 우드는 감독 뜻대로 해보는 것이 어떻겠냐고 제안합니다. 그러자 테네시 윌리엄스는 갑자기 노발대발하면서 "지난 십 년간 당신은 내가 죽기만 바라고 있지 않았느냐. 하지만 난 안 죽을 것"이라며 소리를 지르고는 그녀와의 계약을 끊어버립니다.

사실 우드가 전만큼 자신에게 신경을 써주지 않는 것에 대한 서운함 등 여러 가지 복잡한 사정이 얽혀 있는 사건이기는 합니다만, 그렇다고 해도 오드리 우드를 잃은 것이 테네시 윌리엄스에게 큰 상실이었음은 분명합니다. 그녀는 무명이었던 테네시 윌리엄스를 발굴해냈으며, 그의 작품이 빛을 보는 데 누구보다 큰 지원을 해줬던 사람이니까요. 약물중독에 기인한 편집증 증상으로 테네시 윌리엄스는 점점 관계를 잃어갔으며, 그를 지원하고 그의 작품을 무대에 올리겠다는 사람들도 줄어들어만 갔습니다.

자살의 모든 영역에 관여하는 중독의 영향력

여러 사람의 생애를 넘나드는 다소 어지러운 방식으로 중독이 인생 전반에 미치는 영향을 살펴보았는데요. 읽으면서도 알아차리셨으리라 생각하지만, 중독이 직간접적으로 자살에 미치는 영향은 너무나 광범위해서 몇 가지로 요약하기 어려울 정도입니다. 중독은 삶 전체의 기능 수준을 낮추는 방향으로 작용하며, 사실상 자살에 영향을 주는 모든 요소에 관여한다고 봐도 과언이 아니기 때문입니다.

앞서 자살에 대한 이론을 다루는 장에서 우리는 자살과 관련한 여러 개념들을 살펴봤습니다. '지각된 짐이 되는 느낌'이라든지 '심리통' '패배감'이나 '굴욕감' 등이 그것이지요. 술이나 약물을 장기간 복용할 경우, 그리고 그 복용 수준을 스스로 통제할 수 없는 상태에 이르게 되는 경우에는 건강과 대인관계, 직업 역할 수행 기능, 정신적인 상태까지 삶의 너무나 광범위한 부분들이 무너져내리게 됩니다. 이 지경이 되면, 약물에 중독된 사람은 삶을 사랑하기가 힘들어집니다. 삶을 사랑한다는 말이 좀 거창하게 느껴질까요. 그렇다면 일상생활의 어떤 일에서도 기쁨을 느끼기 어렵게 된다는 말로 대신하겠습니다. 그런 상태가 되면 중독자들은 쉽게 자살을 생각하게 되지요. 중독성을 지닌 물질은 뇌에 영향을 미쳐 보다 직접적인 방식으로 자살 행동을 하는 데 영향을 주기도 합니다.

중독자의 뇌에 대한 아주 직관적이고, 그래서 더욱 잔인한 비유가 있는데, 바로 '오이와 피클' 비유입니다. 오이가 피클이 될 순 있지만 피클이 다시 오이가 될 수는 없듯이, 한 번 뇌가 약물에 '절여지면' 그 구조와 기능의 차원에서 결코 돌이킬 수 없는 변이가 일어난다는 의미입니다.

중독성 물질이 뇌에 미치는 무수히 많은 영향 중에서, 우선적으로 살펴보고자 하는 것은 행동 통제 능력 저하와 그에 자연스럽게 따라오는 충동성과 공격성입니다. 대표적으로 알코올을 예로 들어봅시다. 현재까지의 연구에 따르면, 알코올중독자이든 아니든, 자살 시도자 및 자살 사망자 중 자살 행동을 할 당시에 음주 상태였던 경우가 사 분의 일에서 이 분의 일가량이라고 하며, 한국의 경우에는 자살 시도자의 약 오십 퍼센트가량이 음주 상태였다고 합니다.

여기에는 자살하고 싶은데 몸에 치명적인 위해를 가할 엄두가 나지 않아 자살을 '감행'하기 위해 술을 마시는 경우와, 술을 마신 뒤 평소 가지고 있던 자살 사고가 강해져서

'충동적으로' 실행에 옮기게 되는 경우가 모두 포함될 것 같습니다. 어떠한 경우이든, 알코올 섭취는 공격성 및 충동성 증가를 초래하며, 이러한 상태에서는 부정적인 감정을 다룰 수 있는 판단력과 통제력이 떨어지게 됩니다.[*] 때문에 문제 상황에서 고려할 수 있는 다른 선택지들을 간과하게 되어, 결국 자살에 대한 생각을 행동으로 옮길 확률이 높아지게 되지요.

따라서 자살 사고를 가지고 있는 사람이 알코올을 섭취하는 것은 말 그대로 불에다 기름을 붓는 것과 같습니다. 뿐만 아니라, 당장 취해 있는 경우가 아니더라도, 알코올을 비롯한 마약류를 장기적으로 섭취할 경우 충동 조절 능력 자체가 저하되기도 합니다. (이렇게 저하된 충동 조절 능력은 비단 자살뿐만 아니라 일상생활 전반에 영향을 미쳐, 걸핏하면 화를 내고 다른 사람과 싸우는 등 참을성 없는 모습을 유발하지요.)

알코올중독자에 대한 장기 추적 연구를 모아 추가 분석한 연구 결과에 따르면, 알코올 사용 장애가 있는 사람들

---

[*] Pompili, M., Serafini, G., Innamorati, M., Dominici, G., Ferracuti, S., Kotzalidis, G. D., Tatarelli, R., *Suicidal behavior and alcohol abuse*, International journal of environmental research and public health 7(4), 2010, pp.1392-pp.1431.

은 그렇지 않은 사람들보다 자살 위험성이 열 배가량 높았다고 합니다.* 마약의 경우, 알코올보다 위험도가 더 높은 편인데, 마약 복용 집단은 일반 인구보다 약 13.5배가량 더 높은 자살 위험성을 보였다고 합니다. 물론 마약의 경우에는 복용량을 잘못 조절했을 경우 자칫 사망으로 이어질 수 있어, 죽을 의도가 없었던 사람도 통계에는 자살로 집계되는 방법적 차원의 맹점이 조금 있기는 합니다만, 그런 까닭에 자살한 헤로인 사용자들 중 자살 방법으로 마약 복용을 선택한 사람을 제외하고 진행한 연구에서도 여전히 비슷한 결과가 도출되었다고 합니다.

중독과 자살 간의 복잡한 관계를 자신의 삶으로 여실히 보여줄 수 있는 작가로는 헤밍웨이만 한 이가 없을 것 같습니다. 그는 우울증 증상이 있었던 것으로 짐작되는데(양극성 장애라고 보는 사람도 많습니다), 우울증과 자살은 그의 가계에 흐르는 내력이었던 듯합니다. 그는 열다섯 살 때부터 술을 마셨으며, 피츠제럴드와 함께 파리에서 취한 시대를 보

---

* Wilcox, H. C., Conner, K. R., & Caine, E. D., *Association of alcohol and drug use disorders and completed suicide: an empirical review of cohort studies*, Drug and alcohol dependence 76, 2004, S11-S19.

냈습니다. 처음에 음주는 그에게 우울함을 달래고 남성성을 과시할 수 있는 수단이자 즐거움을 주는 행위였던 것 같습니다만, 결국 그 파괴적인 영향력을 발휘하고 맙니다. 헤밍웨이는 오십 대에 들어선 이후 매우 심각한 수준의 간염에 걸렸지만, 죽기 몇 달 전까지도 술을 끊지 못했습니다.

뿐만 아니라 그는 본래부터 충동성과 위험 추구 성향이 높은 사람이었던 것으로 보이는데, 여기에 온갖 사고를 경험하면서 자살 실행 능력을 점차로 높여가게 됩니다. (헤밍웨이는 참전 경험이 있으며, 거기서 여러 차례 부상을 당했고, 두 번의 비행기 사고를 겪었으며, 낚싯배와 사냥터에서 상해를 입은 적도 있지요. 의도했든 의도하지 않았든, 그는 고통을 감내하는 능력과 자신의 몸에 치명적인 해를 가할 수 있는 능력, 즉 자살 실행 능력을 습득할 수 있었을 겁니다.) 여기에 장기간 지속된 우울과 음주까지 더해지면서, 그의 삶은 완전히 만신창이가 되고 맙니다. 피해망상으로 인해 친구, 또는 FBI가 자신을 죽이려 한다고 주장하기도 했지요. 게다가 다섯 번 이상의 두부 부상으로 후유증에 시달리고 있었던 헤밍웨이는 자신이 더 이상 글을 읽지도, 쓰지도 못하게 되었다는 사실을 깨닫게 됩니다. 그리고 여러 차례 권총 자살을 시도한 끝에 결국 1961년 7월 2일 오전, 자살로 사망하게 됩니다.

우리는 반드시 회복될 수 있습니다

죽음 가까이로 이끄는 알코올과 약물의 강력한 영향력을 살피다 보면 누구라도 겸허해지기 마련이며, 그것은 전문가라 하더라도 예외가 아닙니다. 사실 중독은 가장 숙련된 임상가도 긴장하게 하는 분야이지요. 물론 다른 정신장애 역시 치료하기 어렵기는 매한가지지만, 중독은 조금 더 까다로운 구석이 있기 때문입니다. 중독자의 경우 마치 중독성 물질과 사랑에 빠진 것처럼, 어떤 친밀한 '관계'를 맺고 있는 경우가 많습니다. 여성 알코올중독자에 대한 가장 훌륭한 책 중 하나인 캐럴라인 냅의 『드링킹』의 부제가 '어느 사랑 이야기'인 것처럼요.

모든 이별은 어느 정도 다 힘든 법이지만, 중독에서 벗어나는 일 같은 경우에는 그만큼 그 사람이 가장 많은 시간을 할애하던 중요한 관계를 끊는 것이 되는지라 결코 쉬운 일이 아닙니다. 그렇기 때문에 많은 경우 중독자들은 좀처럼 약물을 끊지 않으려 하고, 아주 극단적인 상황에 이르러서도 술이나 마약이 자신에게 미치는 영향을 축소해 말하며, 이미 그렇지 않다는 증거가 명백함에도 불구하고 자신이 음주나 약물 복용을 충분히 조절할 수 있고, 자신은 중독자가 아니라고 주장합니다. 주변 사람들이 아무리 사태의 심각성을 알려주어도 이상할 정도로 막무가내로 굴기도 하는데, 이러한 이유로 치료 시작 시기 자체가 많이 늦어지기도 하지요. 술 또는 약물을 끊겠다고 마음먹는다 해도 한 번에 완전히 끊기 어려운 법인데, 끊고 싶으면서도 계속하고 싶은 양가감정 사이에서 줄다리기하는 기간이 상당히 길게 이어집니다.

또 일정 기간 동안 약물을 복용하지 않는 데 성공했다 하더라도, 이미 일상이 약물을 갈망하게 만드는 요소들로 채워져 있는 중독자들에게는 언제라도 중독 상태로 돌아갈 수 있는 여지가 남아 있습니다. 담배를 끊은 사람이라 해도 스트레스 상황이 되면 "아, 지금 담배 한 대가 너무나 간절하다"고 생각할 수 있습니다. 술을 끊은 사람도 화창하고 산들바람이 부는 날씨 좋은 날이 되면 딱 맥주 한 캔만 마시면 좋겠다고 아쉬워할 수 있지요. 외로워서 마약을 사용하기 시작한 사람은 사무치게 외로운 순간이 오면 습관처럼 또다시 그 외로움을 달래주던 마약을 찾을 수도 있지요.

중독자에게 낙인처럼 찍히는 주변 사람들의 불신 또한 회복을 어렵게 하는 요소 중 하나입니다. 그렇다고 그들을 무작정 탓할 수도 없습니다. 그도 그럴 것이, 그들은 높은 확률로 과거에 "이제 약물을 끊고 새사람이 되어보겠다"고 하는 중독자를 믿고 도와주려 했으나, 중독자가 번번이 다시금 약물의 늪에 빠지는 모습을 보고 실망한 경험이 있는 사람들이기 때문입니다. 그렇게 주변 사람들과 사회에 외면당하게 된 중독자는 그 좌절과 스트레스, 무력감으로 인해 다시 술과 약물에 손을 대게 되는 악순환이 지속됩니다.

그러므로 중독성 물질을 끊어내는 데는 정말 특별한 종류의 용기가 필요합니다. 어떤 알코올중독자들은 오롯이 혼자서 술을 끊기는 정말 힘들다는 것을 다른 사람들보다 좀 더 일찍 알아차렸습니다, 술과의 이별을 위해서는 먼저 그 길을 가본 사람의 지혜와, 함께 그 길을 가는 사람들의 독려가 절실하다는 것을 깨닫게 된 것이죠. 그리하여 그들은 알코올중독에서 회복되고자 하는 사람들을 위해 어떤 특별한 단체를 만들게 되는데, 바로 '익명의 알코올중독자들alcoholic anonymous; A.A.'입니다.

A.A는 서로의 중독 경험을 나누는 것이 회복에 큰 도움이 된다는 것을 알게 된 두 알코올중독자에 의해 1935년 미국에서 시작되었습니다. (한국에는 1976년 도입되었고, 총 아홉 개 지역에서 지역 모임이 열리고 있습니다.) 미국 드라마나 영화를 자주 보는 분이라면 여러 사람들이 동그랗게 둘러앉아 "내 이름은 무엇이며, 나는 중독자입니다"라고 시작하

는 인사를 나누는 장면이 익숙하실 수도 있겠습니다.

A.A에 가입하는 데 어떤 특별한 조건은 없습니다. "오로지 술을 끊고자 하는 열망"만 있으면 되지요. 모임 시간이나 참석 조건(중독자 본인만 참여할 수 있다거나, 중독자의 가족이나 치료자도 참여 가능하다거나 등), 진행 순서 등은 모임마다 조금씩 다릅니다만 모든 A.A. 모임이 공유하는 규칙과 철학은 있습니다. 열두 가지 규칙과 열두 가지 회복의 단계가 있습니다만, 짧게 줄여보자면 가장 중요한 내용은 철저히 익명성을 지킬 것과, 자신이 중독자임을, 술 앞에서 무력해질 수 있는 인간임을 인정해야 한다는 것입니다.

작가들 중에서도 A.A. 모임에 참석했던 이들이 여럿 있는데, 그중에서도 눈여겨볼 만한 인물로 존 치버가 있습니다. 오늘날에는 그 명성이 덜하긴 하지만, 전성기의 존 치버는 '교외의 체코프'라 불리며 수많은 뛰어난 단편들을 써냈고 『왑샷 가문 연대기』『팔코너』 같은 묵직한 걸작을 남기면서 당대 미국에서 최고의 작가 반열에 들었던 사람입니다. 그는 동시대 많은 작가들이 그랬던 것처럼 알코올중독자였으며, 작품 곳곳에 알코올에 대한 사랑을 숨기지 않고 표현해두었습니다. 그가 알코올을 들이켜게 된 데는 유전적인 영향도 있었던 것으로 추정되지만(그의 형과 딸도 알코올중독자였다는 점에서), 그 외에도 아주 깊은 성적 콤플렉스와 동성에게도 매료되는 자신의 성적 지향에서 오는 수치심, 대인관계에서 느끼는 당혹감들이 복잡하게 얽혀 있었던 듯합니다.

그는 "일만이 나의 모든 문제를 푸는 해결책"이라고 생각하다가도, "이십 분 후 마음이 술병을 향해 방황하기 시작"하며, "맑은 정신으로 낮을 대면할 준비가 되지 않"아 오전부터 술을 마십니다. 이 정도 수준의 음주에 당연히 몸이 멀쩡하게 버텨줄 리 없는데, 그는 과도한 음주로 인한 심혈관 질환으로 심장마비를 겪기도 하지요. 중환자실에 입원해서는 만성 알코올중독자가 갑자기 술을 마시지 않았을 때 나타나는(병원에 입원 중이니 술을 마실 수 없었겠지요) 정신적 혼란 상태인 알코올진전섬망 증상을 보이기도 했습니다. 사태가 이쯤 되면 죽을까 봐 무서워서라도 술을 끊어야겠다는 마음이 들 법도 하지요.

그가 익명의 알코올중독자들 모임에 나가기 시작한 것은 1972년이었습니다. 그날의 일기를 보면 '나가야겠다고 생각한 지 이십 년 만에' 모임에 나갔다고 적혀 있는데, 너무 오래 망설였기 때문인지 몰라도 이어지는 글에는 그가 A.A.에 대해 그다지 호의적인 태도를 보이지 않았다는 것이 드러나 있습니다. "우리는 한 사람씩 성이 아닌 이름으로 자신을 소개하며 알코올중독자가 된 사연을 털어놨다. 하지만 (반드시 존재해야 하는) 모임의 진정한 목적을 나는 알 수가 없었다. 슬프지도, 용기가 나지도 않았다." 결국 자신이 알코올중독자가 된 사연을 털어놓아야 하는 자리에서, 치버는 "가끔 준비되지 않은 상황에 맞닥뜨릴 때가 있으며 그리하여 술을 마실 수밖에 없게 된다"는 정도로만 얼버무리고 맙니다. 물론 첫 만남에서 구구절절하게 인생 모든 사연을 다 털어놓을 필요는 없겠지만, 이 정도면 자신에 대해 털어놓을 생각이 조금도 없는 사람처럼 보입니다.

그날의 일기는 이렇게 마무리됩니다. "어쩌면 나는 내가 술을 너무 많이 마신다는 사실을 잘 실감하지 못하고 있거나 아니면 그 모임이 내가 알아낸 바처럼 따분하기 그지없는지도 모른다." 후일 치버 자신도 깨달았겠지만, 이 당시 자신이 술을 너무 많이 마시는 걸 실감하지 못한다는 자기평가는 정확한 것이었습니다.

앞서 잠시 알코올중독으로부터의 회복을 위한 A.A.의 열두 단계 프로그램에 대해 이야기한 바 있는데, 그 첫 단계는 이것입니다. "우리는 알코올에 무력했으며, 우리의 삶을 수습할 수 없게 되었다는 것을 시인한다." 치버는 마음 한구석으로는 자신이 술을 과하게 마시고 있다는 것(사실 과하다는

말도 부족하다는 것)을 알고 있었으나 다른 한편으로는 아직
이 정도는 마셔도 된다고, 정말 간절하면 그때 멈출 수 있다
고 생각했던 것 같습니다. 그러면서 아직도 귀에는 술병의 노
랫소리가 들린다고 말하지요. 당연한 이야기지만 처음 A.A에
갔을 때 그는 이 첫 단계를 채 마치지 못한 상태였지요.

그렇게 술과의 지지부진한 관계를 이어가던 그는 대학
글쓰기 교수직을 받아들여 1973년에는 아이오와 주립대학교
로, 그 이듬해에는 보스턴 대학교로 적을 옮깁니다. 그러나
결과적으로 가족을 떠나 살겠다는 이 결정은 컵의 물을 넘
치게 한 마지막 한 방울이 되었습니다. 당시 치버는 이미 육
십삼 세였고, 자신을 전혀 건사하지 못했으며, 건강은 한계에
다다랐습니다. 이 무렵 그는 술의 힘을 빌려 간신히 수업에
나갔지만, 수업에 나가는 것만으로 에너지를 거의 다 써버리
는 듯 보였고, 아침부터 술을 마셨으며, 식사는 햄버거와 오
렌지로 때우기 일쑤였습니다. 당시 그를 지켜보았던 한 학생
의 회고에 따르면 "그는 (손에 힘이 들어가지 않아) 장난감 새
처럼 고개를 숙여서 술을 마시고 다시 고개를 드는 동작을
반복했으며, 반 정도 술을 마신 후에야 손으로 술잔을 들 수
있었다"고 합니다. 결국 1975년 3월, 그는 스미더스 알코올 의

료센터에 입원하게 됩니다.

존 치버의 전기에 남아 있는 기록에 따르면, 그는 그곳에서조차 자신의 음주문제가 심각하다는 것을 인정하지 않았고, '본인은 그곳에 있는 다른 넝마주이들과는 다르다'며 다른 중독자들과 자신 사이에 선을 긋는 태도가 확고했다고 합니다. 당시 그와 함께 입원해 있던 사람들은 (존 치버의 표현에 따르면) "괴짜, 사기꾼, 아일랜드계 경찰, 창녀, 울적한 게이, 공사장 인부와 선원" 들이었는데, 당시 유명세를 날리는 작가였던 존 치버로서는 자신과 그들은 계급적으로도, 내적으로도 아주 다르다고(사실이 아닐 가능성이 높지만) 생각할 법도 합니다. 존 치버는 뼛속까지 중산층 정체성으로 가득 찬 작가였고, 스스로 그것이 어느 정도 기만적이라는 것을 알고 있었기 때문에 오히려 더더욱 필사적으로 그것을 지키려고 했던 사람이니까요.

이런 상황에서 치료자들이 할 수 있는 것은 많지 않습니다. 당시 심리 상담사로서 그곳에 근무하던 캐롤 키트먼은 차트에 이렇게 적었습니다. "그가 자신의 '존 치버스러움'을 버리고, 병으로 인해 곧 죽을 수도 있는 취약한 자신을 알아차리도록." 자신이 알코올 앞에서 무력함을 받아들이고, 중독자임을 시인하는 것. A.A.에서 말하는 회복의 첫 단계의 내용과 아주 많이 닮아 있지요. 그리고 그렇게 스미더스 센터에서 이십팔 일간의 프로그램을 마친 존 치버는 아마도 자신의 취약성을 알아차리게 된 듯합니다. 퇴원 후 그는 A.A.의 가장 성실한 멤버 중 한 사람이 되었고, 사망하기까지 칠 년간 술을 입에 대지도 않았으니까요.

이십 년 동안이나 A.A. 모임에 나가는 것을 망설이던 그는 퇴원 뒤 일주일에 두세 번씩이나 '익명의 알코올중독자들' 모임에 나가기 시작합니다. 달라진 것은 빈도뿐이 아니어서, 이번에는 전처럼 거리를 두고 마지못해 몇 마디 하는 것이 아니라, 대화를 나누기 위해 노력하고, 다른 사람의 이야기를 듣고 공감한 나머지 눈시울을 적시기도 합니다. 이런 변화는 그 자리에 앉아 있는 다른 중독자들과 자신이 어떤 핵심적인 면에서 비슷하다는 것을 진심으로 받아들인 데서 온 것으로 보입니다.

작가들의 음주벽에 대해 훌륭한 글을 쓴 올리비아 랭이 뉴욕 공립도서관의 베르크 컬렉션에서 발견한 존 치버의 A.A. 연설문에는 이런 내용이 적혀 있습니다.

우리 같은 단주 단체는 종교적 역사가 전혀 없습니다.
하지만 우리의 믿음은

(…) 오래된 믿음입니다.

우리가 종교 역사상 처음으로 선언합시다.

폭음은 우리 일부에게 죽음의 인도자이자

일종의 자살임을 선언합시다.

(…) 우리는 서로를 도움으로써 이 인도자를

정복할 수 있습니다.

이 시기 존 치버는 마음 깊은 곳에서 음주가 그에게 미치는 영향을 인정하고, 알코올 앞에서 자신은 무력함을 인정한 듯 보입니다. 또한 '서로를 도움으로써' 폭음이라는 죽음의 인도자를 정복할 수 있다는 진리 또한 겸허하게 받아들인 듯합니다.

그렇게 존 치버는 구상은 해두었으나 술독에 빠지는 바람에 여러 해 동안 마치지 못했던 소설, 『팔코너』를 맑은 정신에서 집필하게 됩니다. 이 소설에는 동성애, 형에 대한 애증, 중독 등 그의 이전의 작품에서 언급은 되었으나 변죽만 울리는 데 그쳤던 주제들이 본격적으로 등장하는데, 평론가들은 이 소설을 '구원과 부활의 노래'라고 평했습니다. 뿐만 아니라 후일 〈타임〉지는 『팔코너』를 '100대 영미 문학'에 선정하기도 하지요.

'21세기 미국에 존재하는 셜록 홈즈'라는 설정을 바탕으로 전개되는 드라마 〈엘리멘트리〉에는 약물중독 재활 치료를 받으며 익명의 약물중독자 모임에 참석하는 셜록 홈즈의 모습이 나옵니다. 그는 "모임에는 늘 멍청한 사람들의 따분한 얘기뿐"이라며 중독자 모임을 기피하려 하죠. 그러자 그의 중독 치료 조력자인 왓슨이 이렇게 말합니다. 당신이 다른 사람들보다 똑똑한 게 맞기는 하지만, 당신보다 '덜' 똑똑한 다른 사람들은 거기서 지루한 순간이 없을 것 같냐고요. 당신은 늘 당신이 다른 사람들과 다르다고만 생각하지만, 생각보다 공통점이 많을 것이며, 같은 것을 견디고 있을 거라고요.

이 말을 존 치버에게도 적용해볼 수 있을 듯합니다. 그는 A.A. 모임에 처음 참석할 때에도, 알코올중독 치료 센터에 막 입원했을 당시에도 자신은 다른 사람들과 영 다르다고 생각했으니까요. 하지만 결국 그는 A.A.를 '우리'라고 부르는 데 성공했습니다. 그리고 "진정한 목적을 알 수 없었던" 그 모임에서 자신의 자리를 발견하게 됩니다.

알코올중독자 당사자의 공동체인 A.A.의 미덕은 여러 가지가 있겠지만, 그중 하나는 치버나 홈즈와 같이 자의식 강하고, 자신은 남과 다르다고 여기는 사람들에게도 자신이 다른 사람과 공유하는 것이 있음을, 그들과 많이 닮아 있음을 알려준다는 점인 것 같습니다. 자신도 다른 사람에게 도움을 받고, 도움을 줄 수 있는, 타인과 연결된 존재라는 것을요. 어쩌면 어떤 치유는 거기서부터 시작될 수 있을 겁니다.

1장. 죽음을 선택하는 마음들

심리통, 그 견딜 수 없는 마음의 고통에 대하여
_『안나 카레니나』

레프 니콜라예비치 톨스토이, 연진희 옮김, 『안나 카레니나 1, 2, 3』, 민음사, 2009.

에드윈 슈나이드먼, 조용범 옮김, 『에드윈 슈나이드먼 박사의 심리부검 인터뷰』, 학지사, 2014.

에드윈 슈나이드먼, 서청희·안병은 옮김, 『자살하려는 마음』, 한울아카데미, 2019.

Shneidman, E. S., *Suicide as psychache: A clinical approach to self-destructive behavior*, Jason Aronson, 1993, pp.33.

어느 익살꾼의 죽음
_『인간 실격』

다자이 오사무, 김춘미 옮김, 『인간 실격』, 민음사, 2004.

장 아메리, 김희상 옮김, 『자유죽음』, 산책자, 2010.

토마스 조이너, 김재성 옮김,『왜 사람들은 자살하는가?』,
황소자리. 2012.

Brown, G. K., Beck, A. T., Steer, R. A., & Grisham, J. R.,
*Risk factors for suicide in psychiatric outpatients: a 20-year
prospective study*, Journal of consulting and clinical psychology
68(3), 2000, pp.371.

Darke, S., Ross, J., *Suicide among heroin users: rates, risk factors
and methods*, Addiction 97(11), 2002, pp.1383-pp.1394.

베르테르 효과와 전염되는 자살
_『젊은 베르테르의 슬픔』

요한 볼프강 폰 괴테, 정현규 옮김,『젊은 베르터의 고통』,
을유문화사, 2010.
토마스 조이너, 김재성 옮김,『왜 사람들은 자살하는가?』,
황소자리. 2012.

Ji, N. J., Lee, W. Y., Noh, M. S., & Yip, P. S., *The impact of
indiscriminate media coverage of a celebrity suicide on a society
with a high suicide rate: epidemiological findings on copycat
suicides from South Korea*, Journal of affective disorders 156,
2014, pp.56-pp.61.

Kim, J.-H., Park, E.-C., Nam, J.-M., Park, S., Cho, J., Kim, S.-
J., Cho, E., *The Werther effect of two celebrity suicides: An
entertainer and a politician*, PloS one 8(12), 2013.

Lee, J., Lee, W. Y., Hwang, J. S., & Stack, S. J., *To what extent does the reporting behavior of the media regarding a celebrity suicide influence subsequent suicides in South Korea?*, Suicide and Life-Threatening Behavior 44(4), 2014, pp.457-pp.472.

O'Connor, R. C., & Kirtley, O. J., *The integrated motivational–volitional model of suicidal behaviour*, Philosophical Transactions of the Royal Society B: Biological Sciences 373(1754), 2014.

O'connor, R. C., Smyth, R., Ferguson, E., Ryan, C., & Williams, J. M. G., *Psychological processes and repeat suicidal behavior: A four-year prospective study*, Journal of consulting and clinical psychology 81(6), 2013, pp.1137.

O'Connor, R. C., *Towards an integrated motivational–volitional model of suicidal behaviour*, International handbook of suicide prevention: Research, policy and practice 1, 2011, pp.181-pp.198.

Wetherall, K., Cleare, S., Eschle, S., Ferguson, E., O'Connor, D. B., O'Carroll, R. E., & O'Connor, R. C., *From ideation to action: Differentiating between those who think about suicide and those who attempt suicide in a national study of young adults*, Journal of affective disorders 241, 2013, pp.475-pp.483.

Yi, H., Hwang, J., Bae, H.-J., & Kim, N., *Age and sex subgroups vulnerable to copycat suicide: evaluation of nationwide data in South Korea*, Scientific reports 9(1), 2019, pp.1-pp.9.

더 이상 자신을 사랑할 수 없다는 우울
_실비아 플라스와 『벨 자』

실비아 플래스, 공경희 옮김, 『벨 자』, 마음산책, 2013.

알프레드 알바레즈, 최승자 옮김, 『자살의 연구』, 청하, 1995.

앤드류 솔로몬, 민승남 옮김, 『한낮의 우울』, 민음사, 2004.

Al-Harbi, K. S., *Treatment-resistant depression: therapeutic trends, challenges, and future directions*, Patient preference and adherence 6, 2012, pp.369.

Bertolote, J. M., & Fleischmann, A., *Suicide and psychiatric diagnosis: a worldwide perspective*, World Psychiatry 1(3), 2002, pp.181.

Bertolote, J. M., Fleischmann, A., De Leo, D., & Wasserman, D., *Psychiatric diagnoses and suicide: revisiting the evidence*, Crisis 25(4), 2004, pp.147-pp.155.

Cipriani, A., Furukawa, T. A., Salanti, G., Chaimani, A., Atkinson, L. Z., Ogawa, Y., Higgins, J. P., *Comparative efficacy and acceptability of 21 antidepressant drugs for the acute treatment of adults with major depressive disorder: a systematic review and network meta-analysis*, Focus 16(4), 2018, pp.420-pp.429.

삶을 선택하기와 내려놓기, 그 갈림길에서
_버지니아 울프와 『댈러웨이 부인』

버지니아 울프, 최애리 옮김, 『댈러웨이 부인』, 열린책들, 2009,
　　36쪽.

이라하, 하지현 감수, 『정신병동에도 아침이 와요』,
　　위즈덤하우스, 2018.

케이 레드필드 재미슨, 이문희 옮김, 『개인적이고 사회적이며
　　생물학적인 자살의 이해』, 뿌리와이파리, 2004.

케이 래드필드 재미슨, 박민철 옮김, 『자살의 이해』, 하나의학사,
　　2012.

Andreasen, N. C., *Creativity and mental illness: Prevalence rates
　　in writers and their first-degree relatives, Eminent creativity,*
　　everyday creativity, and health, 1997. pp.7-pp.18.

Jamison, K. R., *Touched with fire*, Simon and Schuster, 1996.

Koutsantoni, K., *Manic depression in literature: the case of
　　Virginia Woolf*, Medical humanities 38(1), 2012, pp.7-pp.14.

절대 나아지지 않는 사람에 대한 이야기
_『리틀 라이프』

한야 야나기하라, 권진아 옮김, 『리틀 라이프 1, 2』, 시공사,
　　2016.

키라 밴 겔더, 서민아 옮김, 『키라의 경계성 인격장애 다이어리』,
　　필로소픽, 2016.

권혁진·권석만, 「한국판 자해기능 평가지(The Functional

Assessment of Self-Mutilation)의 타당화 연구: 대학생을 중심으로」, 『한국심리학회지: 임상심리 연구와 실제』 3(1), 2017, 187~205쪽.

Carey, B., *Expert on mental illness reveals her own fight*, The New York Times 23, 2011.

Chesin, M. S., Galfavy, H., Sonmez, C. C., Wong, A., Oquendo, M. A., Mann, J. J., & Stanley, B., *Nonsuicidal self- injury is predictive of suicide attempts among individuals with mood disorders*, Suicide and Life-Threatening Behavior 47(5), 2017, pp.567-pp.579.

Felitti, V. J. M. D., Facp, Anda, R. F. M. D., Ms, Nordenberg, D. M. D., Williamson, D. F. M. S., Mph., *Relationship of Childhood Abuse and Household Dysfunction to Many of the Leading Causes of Death in Adults: The Adverse Childhood Experiences (ACE) Study*, American journal of preventive medicine 14(4), 1998, pp.245-pp.258, doi: 10.1016/S0749-3797(98)00017-8.

Mercado, M. C., Holland, K., Leemis, R. W., Stone, D. M., & Wang, J., *Trends in emergency department visits for nonfatal self-inflicted injuries among youth aged 10 to 24 years in the United States, 2001-2015*, Jama 318(19), 2017, pp.1931-pp.1933.

Reitz, S., Kluetsch, R., Niedtfeld, I., Knorz, T., Lis, S., Paret, C., Baumgärtner, U., *Incision and stress regulation in borderline personality disorder: neurobiological mechanisms of self-*

injurious behaviour, The British Journal of Psychiatry 207(2), 2015, pp.165-pp.172.

Van der Kolk, B. A., *Developmental trauma disorder: toward a rational diagnosis for children with complex trauma histories*, Psychiatric annals 35(5), 2017, pp.401-pp.408.

중독과 자살, 그 복잡한 관계를 말하다
_술과 약물에 중독된 어느 문인들의 이야기

캐럴라인 냅, 고정아 옮김, 『드링킹』, 나무처럼, 2009.

보건복지부, 「2018년 보건복지부 자살 실태 조사」, 2018.

Bilban, M., & Škibin, L., *Presence of alcohol in suicide victims*, Forensic science international 147, 2005, S9-S12.

Boschloo, L., Vogelzangs, N., Smit, J. H., van den Brink, W., Veltman, D. J., Beekman, A. T., & Penninx, B. W., *Comorbidity and risk indicators for alcohol use disorders among persons with anxiety and/or depressive disorders: findings from the Netherlands Study of Depression and Anxiety (NESDA)*, Journal of affective disorders 131(1-3), 2011, pp.233-pp.242.

Pompili, M., Serafini, G., Innamorati, M., Dominici, G., Ferracuti, S., Kotzalidis, G. D., Tatarelli, R., *Suicidal behavior and alcohol abuse, International journal of environmental research and public health 7(4)*, 2010, pp.1392-pp.1431.

Goodwin, D. W., *Alcohol and the Writer*, Andrews McMeel Pub, 1988.

Regier, D. A., Farmer, M. E., Rae, D. S., Locke, B. Z., Keith, S. J., Judd, L. L., & Goodwin, F. K., *Comorbidity of mental disorders with alcohol and other drug abuse: results from the Epidemiologic Catchment Area (ECA) study*, Jama 264(19), 1990, pp.2511-pp.2518.

Wilcox, H. C., Conner, K. R., & Caine, E. D., *Association of alcohol and drug use disorders and completed suicide: an empirical review of cohort studies*, Drug and alcohol dependence 76, 2004, S11-S19.